THEATRUM
COGITATIOCUM

思想剧场

American Citizenship

The Quest for Inclusion

Judith N. Shklar

美国公民身份

寻求接纳

[美] 朱迪丝·N. 施克莱 著

钱一栋 译

上海人民出版社

THE TANNER LECTURES

ON HUMAN VALUES

坦纳人类价值讲座

献给

迈克尔·沃尔泽

致　谢

1989 年 5 月，我在犹他大学作了坦纳讲座 ①，这几篇短文脱胎于讲座讲稿。我要感谢讲座期间遇到的所有人，谢谢他们的热情招待、踊跃讨论以及对讲座内容表现出来的兴趣。这次经历十分愉快。

我结下的友谊一直是笔宝贵的财富，作为作者，最愉快的事情莫过于能感谢朋友们的帮助和鼓励。本杰明·巴伯（Benjamin Barber）、艾米·古特曼（Amy Gutmann）、斯坦利·霍夫曼（Stanley Hoffmann）、帕特里克·赖利（Patrick Riley）、南希·罗森布鲁姆（Nancy Rosenblum）、迈克尔·桑德尔（Michael Sandel）和西德尼·维伯（Sidney Verba）都

① 坦纳人类价值讲座由坦纳夫妇（Obert and Grace Tanner）赞助，九所大学（牛津、剑桥、哈佛、耶鲁、普林斯顿、斯坦福、加州伯克利、密歇根、犹他）承办，一般每年在每一所大学举办一次讲座。坦纳讲座在学界地位崇高，许多名作最初都是坦纳讲座讲稿，如考思嘉（Christine Korsgaard）的《规范性的来源》（*The Sources of Normativity*）、帕菲特（Derek Parfit）的《论重要之事》（*On What Matters*）、拉兹（Joseph Raz）的《价值的实践》（*The Practice of Value*）等。——译者注

读过这些文章的某个版本，并提了一些非常好的建议，其中大部分我都采纳了。而乔治·凯特布（George Kateb）与罗杰斯·史密斯（Rogers Smith）对我的帮助尤其大，他们给予我指点，并使我在本书讨论的某些问题上改变了看法。我感谢他们所有人，希望自己最终也能这样回报他们。最后还有一份源于深刻分歧的人情债——倒不是非还不可，但我乐于还这个人情。我把本书题献给了迈克尔·沃尔泽（Michael Walzer）。数十年来，我们争论过每一个在思想层面对彼此而言都非常重要的问题，但在争辩过程中甚至都没想过要去改变对方的看法，在公民身份问题上尤其如此。甚至对这些争论的价值，我们可能都缺乏共识，但作为一个死性不改的自由主义者，我珍视这些争论，正如作为朋友，我珍惜沃尔泽。

目 录

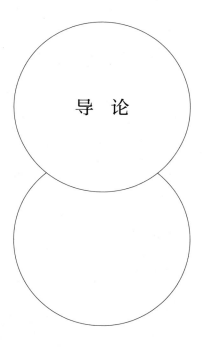

导　论

没有哪个概念比公民身份在政治事务中更重要、在历史上更多变、在理论中更具争议。在美国，原则上，公民身份一直具有民主属性，但也只是原则上如此。从一开始，要求获得自由和政治平等的最激进的主张，就是在奴隶制的反衬下逐步得到落实的，后者是最极端的奴役形式，其后果至今仍纠缠着我们。作为美国公民身份的首要标志，政治权利平等是在其最极端的否定形式堂而皇之存在的背景下得到宣告的。美国公民身份的第二个标志是对世袭特权的公开拒斥，但基于相同的原因，要在实践中落实这点不见得（比实现政治权利平等）更容易。奴隶身份就是一种继承而来的境况。在这些文章中，我将试图说明——不过谈得很简短——包括黑奴制在内的、作为一个现代大众代议制共和国（它致力于实现"自由之福"①）之关键构成部分的受支配状况（servitude），对美国人思考公民身份的方式产生的巨大影响。

从殖民地时代起，工作（work）②和个人成就的荣光、对贵族式无所事事的鄙夷就是美国公民自我认同的重要组成部分。有机会工作并以自己的劳动（labor）赚取回报是一项社会权利，因为它是公共尊重的首要源泉。不过它之所以被这样看待，还不只是因为这意味着在文化和道德上鄙弃腐化的欧洲陈习，也是因为有偿劳动将自由人与奴隶区分了开来。基于相同的原因，政治权利的价值被抬高了。一直以来，拥有选票便意味着在社会中拥有了完全意义上的成员身份，选票的价值主要在于，它能使人获得最起码的社会尊严。

由于存在这些状况，citizenship 在美国从来都不只是能动

---

① "自由之福"（the blessings of liberty）这一说法取自美国宪法序言："我们合众国人民……并使我们自己和后代得享自由之福，特为美利坚合众国制定本宪法。"——译者注

② 作者并未明确区分 work 和 labor，在本书中这两个词大体上是可相互替换的同义词。此外，这里所说的"工作"指的不是"职业"（occupation），而是劳作、干活、做工，且并不专指体力劳动。——译者注

自主（agency）和赋权问题，它同样也和社会地位（standing）相关。① 我之所以没用**流品**（status）这个词儿，是因为它已经带有贬义；我将转而使用"公民地位"这一表述。诚然，地位是个含糊的概念，带有"某人在等级社会中的位置"这一意涵，但看起来，大部分美国人都清楚地知道它是什么意思，并且对他们来说，自己在社会上的相对位置是颇为重要的，后者由收入、职业和教育背景来定义。他们也明白，对自身社会地位的关切与得到他们肯定的民主信条并不完全相容。他们往往会以这种方式来消解实际行为与意识形态之间的冲突：使自己确信，相比过去，如今排斥性（exclusiveness）和流品意识（status-consciousness）真的已经少很多了。② 然而，作为在有高下之分的社会阶层中所占据的位置，地位和对"尊重"的平等主义要求并不

① 联系后文提到的 citizenship 的四种含义，此处所说的 agency（常译为能动性）是指公民作为公共事务上积极能动的主体所拥有的品质，一种通过在政治上发声掌握自己命运的能力，侧重政治意义，赋权则主要与国籍意义上的公民身份相关，侧重法律意义。由于这句话涉及 citizenship 的几种含义，因此译者没有直接将其翻译成"公民身份"，后者只是 citizenship 的其中一类含义，侧重社会意义。相关讨论参见本书页边码第 3 页，特别是该页译者注中对 citizenship 的讨论。——译者注

② Richard P. Coleman and Lee Rainwater, *Social Standing in America* (New York: Basic Books, 1978), passim.

那么容易调和。"民主国家的公民有权获得尊重，除非他们因为自己有不可接受的举动而丧失了这种权利"，这一主张并非无足轻重。相反，它是一种被深深珍视的信念，而要想了解一直以来它都有多么重要，我们就得去聆听那些并没有犯下过错却被剥夺了这种权利的美国人的声音。

那些被排斥的男男女女最清楚，作为公共地位的两个重大标志，投票 ① 和赚钱的机会到底有多重要。在他们眼中，投票和赚钱不只是增进自身利益和挣到钱的能力，也是美国公民的属性。有些人未能获得公民尊严的这两个标志，这不仅让他们感到无力、陷入贫困，还使他们颜面扫地。他们也遭到了自己同胞的鄙夷。因此在美国，争取公民身份并不是在追求作为深度参与活动的公民参与（civic participation），相反，这种抗争的首要目的是被这个政治体接纳，它是一种打破排斥性屏障以获得承认的努力。

我无意暗示，作为地位的 citizenship 是 citizenship 这

---

① 译者将根据特定句子里的中文搭配情况，把 vote 翻译为"选举"或"投票"。本书所谓的选举，指的是以投票方式进行的政治选举行为；所谓的投票，是政治选举活动中的投票行为。——译者注

一概念在美国历史上的唯一含义。① 恰恰相反，*citizenship* 这个词至少有四种虽然存在联系但也相当不同的含义，而我所说的地位只是其中一种含义。另外三种同样重要的含义是，作为国籍的 citizenship、意味着积极参与或"优良"公民品质（"good" citizenship）的 citizenship，以及最后一个含义：理想的共和邦国公民品质。其他这几种思考 citizenship 的方式也是非常重要的，因此我必须确保不给人留下这种印象：我无视或忽视了这些角度。

在任何现代国家，尤其是在移民社会，公民身份必定总是首先指向国籍。作为国籍的公民身份是一种国内、国际的法律认可，即承认某人是某个国家的原生或归化成员。 **4**

---

① 本段开始，作者将论述 citizenship 的四种含义，这四种含义不能一概译成"公民身份"。"ship"这个后缀加在表示人的名词 X 后面一般有两类意思，一是作为 X 的身份、地位、状态；一是与 X 相关的能力、品质。例如，leadership 的两个基本含义就是"领导地位"和"领导能力（品质）"。作者此处区分的 citizenship 的四种含义也可分为两组：国籍和地位意义上的 citizenship 翻译为"公民身份"比较合适；后两种意义上的 citizenship 重点不在成员身份，而在于公民能否做出符合公民身份的行为，是否尽到了公民义务（主要是积极参与公共事务），因此翻译为"公民品质"更好。可以认为，"公民身份"侧重权利，拥有公民身份意味着获得相应的权利、特定的承认；"公民品质"侧重义务，讨论公民品质往往是在分析公民该做些什么。但 citizenship 本身并不等同于权利或义务，它们属于不同范畴。——译者注

这种意义上的公民身份并非无关紧要。在现代世界，沦为无国籍之人是任何人所能遭遇的最糟糕的政治命运之一。特别是美国护照，人们极度珍视自己手上的美国护照，归化公民尤其如此。事实上，几乎没几个新入籍的美国公民会把他们的入籍文件扔掉。

　　作为国籍的美国公民身份在排斥和接纳问题上自有一段历史，仇外情绪、种族主义、宗教偏执和对异国阴谋的恐惧在其中扮演了重要角色。此外，在内战之前的年代里，定居美国的外籍居民的公民地位取决于各州和联邦政府各种相互冲突的利益。因此，作为国籍的公民身份有着极其复杂的历史。例如，中西部各州有段时间亟需劳动力，于是任何外籍白人男性只要一宣告自己有意最终成为公民，各州即赋予其投票权。而在同一时期，新英格兰的公民则想方设法不让他们的爱尔兰邻居享有完整的公民身份。[1] 不过，移民和归化政策的历史并不是我的主题。它的历史曲折起伏，但和不让原生的美国人享有公民身份的历史不是

---

[1]　Kirk H. Porter, *A History of Suffrage in the United States* (Chicago: University of Chicago Press, 1918), pp. 112—134. Leon E. Aylesworth, "The Passing of Alien Suffrage," *American Political Science Review*, 25(1931), 114—116.

一回事。这两段历史有相似之处，因为它们都涉及接纳和
排斥，但歧视性移民法律和奴役一个民族是非常不同的。

　　作为国籍的公民身份是一种法律身份；它并不指向任何具体的政治活动。另一方面，意指政治参与的优良公民品质关注的则是政治实践，某社群中的人如果持续参与到公共事务中，就可以说是具备了优良公民品质。民主国家的好公民是政治行动者（political agent，政治上的能动主体），经常参与本地、本国的政治事务，而非只在初选和大选日露面。积极的公民会去了解相关信息，碰到自己认为不正义、不明智或劳民伤财的公共举措，他们会公开反对。他们还会公开支持自己眼中正义且审慎的政策。虽然他们也会追求自身利益以及与自己相关的群体的利益，但他们会试着无偏私地考虑他人的主张，认真听取对方的理据。他们经常列席公共会议，参加志愿组织，与他人商讨审议会影响他们所有人的政策，并且，他们是真的把公共善放在心上的，并抱着深思熟虑的公共善观念服务国家，而非仅仅以纳税人和军人（部分公民会在某些时候入伍）的身份服务国家。好公民是爱国者。

　　这种积极公民品质经常会延伸到与私人领域接壤的事

务上。如今，"好公民"这一表述常被用来指称在工作和邻里事务上表现优良的人。除了举报腐败官员，举报公司经营者或单纯就是关注日常生活中的不正义，一般也会被称作彰显优良公民品质的行为。例如在大学院系中，人们经常会说某些同事是好公民，意思是，这些人做了自己分内的例行事务，比如参与枯燥无味的委员会、讲授基础课程、参加会议，而非只做一般所说的"他们自己的工作"。这样的人也会被称作好公民：他们维护本地活动场所，使之较为整洁和安全，参加家长教师协会会议（PTA meetings），冬天铲除自己家门口人行道上的积雪，简言之，他们通过诸如此类的行为努力维护周边环境。他们确实就是我们常说的得体之人，因为他们对自己在工作与生活中和身边人直接共享的社会环境抱有一种义务感。citizenship 一词的这种用法并不导向某种政策，但它是民主秩序的内化部分，维持这种秩序有赖于公民的自我引导和责任，而非单纯依靠服从。无论在私人生活还是公共生活中，好公民都会为巩固民主习性和宪政秩序做些事情。

优良公民品质不应混淆于一般意义上的良善（goodness）。

自亚里士多德以来，我们便知道好公民和好人不是一回事。① 好公民履行的是所在政治体提出的要求，作为公民，他们并不比他们制定和遵守的法律更好或更坏。他们维护公共善，后者是由他们的宪法以及宪法所依托的根本性精神气质（ethos）定义的。只有在完美的国家，好人和好公民才能等同起来，而这种苛刻条件本身还有前提：只有当我们认为公民美德——顾名思义，公民美德是一种带有男子气概的正直——是最好的人类品格时，完美国家的好公民才等于好人。除了这一例外，人之道德和公民品质之间总是可能——甚至很有可能——出现张力的，当然，有些政权是如此糟糕，以至于好人在此注定成为坏公民，但美国从没有坏到这种程度。美国过去只是一个半暴政国家，部分人自由，部分人遭受奴役。在允许奴隶制存在的宪法下，履行了自己一切公民义务的美国公民肯定不是坏公民；他们做到了自己所在的半自由社会的要求。基于同样的道理，严肃且一以贯之的废奴主义者不是坏公民，像林肯那样抱着"废奴无法一蹴而就"的信念而行动的人，以及那些不

---

① Aristotle, *The Politics*, trans. and ed. Carns Lord (Chicago: University of Chicago Press, 1985), bk. 3, chap. 4, 1276b—1277b, pp. 90—92.

愿为被其视为下等人的人群冒战争风险，但会为联邦的存续而战的人也都不是坏公民。他们和我们都不是完美的公民或好人。不过，就这个共和国过去、当下和可能的要求而言，许多美国人曾经是、如今也是足够好的公民。

从历史上看，问题并不在于美国人主张只有道德上良善的人才能成为公民。相反，和男人相比，女人更常被认为是良善之人，但她们却没资格成为公民。在这一方面，人们从一开始就充分理解好人与好公民是两回事。使得特定群体或个人没有资格获得公民身份的是经济上的依赖性、种族和性别，这些都是由社会造成的，或者是继承而来的境况。这种规则似乎暗示这个政治体制绝谈不上民主或自由，但事情没这么简单，因为美国人在大部分历史时期都忍受着极端的矛盾：他们致力于实现政治平等，但也彻底拒斥政治平等（指接受奴隶制）。

在美国的制度结构和意识形态结构中，对公民品质的上述态度显然根深蒂固，而在本世纪的诸多变革中，也能看到它们留下的痕迹。并且确实，我们不能脱离其政治背景来讨论公民品质，原因不仅在于亚里士多德在好人与好公民之间作出的区分，也在于他那同样切中肯綮的观察：相比人或群体的生理特质，公民品质更易变，并且它与生理特质截然有别。① 例如，一场寡头政变就可以使民主邦国的公民转变成相当不同的政治动物。虽然有些民族主义论调持相反意见，但无论民族特质意味着什么，它都定义不了公民品质。法兰西第三、第四、第五共和国的公民与维希政权统治下的公民全然不同，但在生理上，他们都一样是法国人，要理解这一点，我们都不必提及德国人的公民品质在本世纪所发生的变化。在此，更重要的是这一事实，即在宪法变革、制度变革、人口结构变革和国际关系变革（政府功能的扩展和国有化进程，以及几个宪法修正案，这些只是其中最明显和最根本的几项变革）的过程中，美国公民品质也发生了变化。

9

如果说这几篇文章确有某种论辩目的，那我也不只是想加入这样一些学者的行列：他们姗姗来迟地认识到，奴隶制在我们的历史中扮演着重要的角色。重新思考我们的过去非常重要，但除此之外，我还想提醒政治理论家注意，如果把它放到静态、空洞的社会空间中，就没法以可理解的方式讨论公民品质这个概念。无论唤醒对原初且纯粹的

① Aristotle, *The Politics*, trans. and ed. Carns Lord (Chicago: University of Chicago Press, 1985), bk. 3, chap. 3, 1276a—1277b, pp. 89—90.

公民的记忆会带来何种意识形态上的满足，如果它无视我们的制度的历史，以及这些制度当下的实际状况，那它就是不可信的，这最终只是逃离了政治，且让人觉得无趣。随着时间推移，公民品质也发生了变化，忽视当前最优秀的历史学和政治科学研究的政治理论家，无法期待自己能为增进我们政治上的自我理解作出任何重要贡献。[1] 他们的做法面临着严重的危险：他们的理论工作完全是空洞的，只表现了他们在社会中感受到的不安适感，而他们几乎没有花一点力气去理解这个社会。最高法院的意见有时会形塑我们的公共争论，许多哲学家的作品也非常杰出，但它们都无法替代这种理解：对过去和现在的美国公民品质真正具有历史感和政治意识的理解。[2]

10　　造成"美国公民品质从未发生变化"这种误解的原因并不寻常。这很有可能是因为自 1787 年以来，美国的基本

---

[1] 我认为汤普森的书（Dennis F. Thompson, *The Democratic Citizen* [Cambridge: Cambridge University Press, 1970]）展现了讨论公民品质的正确方式，它示范了如何将政治理论和政治科学结合在一起。

[2] 即便是当今最好的守法主义共和主义（legalistic republicanism），也与实际状况相去甚远，我们可以从桑斯坦的这篇文章（Cass R. Sunstein, "Beyond the Republican Revival," *Yale Law Journal*, 97 [1988], 1539—1590）中获得例证。

制度似乎就没怎么变化，我们经常把公民品质当成一种仿佛深深冻结于制度之中的东西来讨论。人们因为政治结构在形式层面表现出来的连贯性，而想当然地认为其毫无变化地持久存在着，甚至连那些确实记得内战之后制定的宪法修正案有多重要的人也这么认为。此外，被非常贴切地冠以"美国梦"之名的意识形态长盛不衰，这一现象确实不同寻常。① 它根基久远，可追溯至 19 世纪的最初几十年，我希望在这几篇文章中探索这些根源。不过，最初的宪法 ②中的大部分内容以及对宪法中的承诺的信仰所拥有的持久生命力并不能证实这一假设：自 18 世纪以来，美国公民品质并未发生重大变化。诚然，像古罗马人一样，我们可能也通过祖先崇拜行为实现了权威的稳定性，获得了传统所提供的让人满意的支持。③ 但没有什么比这更让这个共和国事实上的建立者们更感到耻辱的了。《联邦党人文集》的每

---

① 甚至失业的和工作的穷人也有美国梦，参见 Kay Lehman Schlozman and Sidney Verba, *Insult to Injury* (Cambridge, Mass: Harvard University Press, 1979), pp. 103—138, 346—351。

② 之所以用"最初的宪法"这一表述，是要区别于前文提到的宪法修正案，宪法修正案是变化的证据，而这半句话强调的是，确实存在强烈的不变性。——译者注

③ Hannah Arendt, "What Is Authority?" in *Between Past and Future* (New York: Viking, 1961), pp. 91—141.

一页内容都在号召美国人民用自己的双手把握自己的命运，依照当前最杰出的政治科学塑造自己的制度，而不是怯懦地回望过去。当代的好公民必须这样做。

除了国籍和优良公民品质，还一直存在一种理想公民想象，对神话般的雅典或斯巴达抱有幻梦的人尤其容易陷入这种想象。平常的积极公民或者说好公民当然不是理想公民或者说完美公民；他们只是试图做到在代议制民主国家公认需要做到的要求。理想的共和邦国爱国者则非常不同。他们没有与公共活动无关的重大利益；他们活在公共论坛上，也为了公共论坛而活。有时人们认为这些完美的公民比不关心政治的公民更健康、更完善（fulfilled），但这种说法可找不到什么医学证据。很多人也许并不是靠不间断的政治参与获得成长的。世纪之交以来，就有人更切合实际地主张，治愈民主政体缺陷的最好方法就是更多的而非更少的民主。以全民公决、罢免权和公民立法提案程序（initiatives）为手段，以直接统治为目标的稳健行动就建立在这一假设之上，其结果则相当不确定。[1] 提倡真正的参与

---

[1]　Austin Ranney, "Theory" and "United States of America," in *Referendums*, ed. David Butler and Austin Ranney（Washington, D.C.: American Enterprise Institute, 1978), pp. 23—37, 67—86.

式民主的人并没有把这些政治表达机会当回事，因为这依然只是些在没有进行非常成熟的审议活动的情况下，就某些措施进行投票的方法。

在理想的共和邦国，富有美德的公民会持续不断且直接地参与到统治事务中来，同时也被统治。"美德"的含义自然不完全清楚，但它并不仅限于如今的积极公民所展现出来的品质。最起码的一点是，完美公民会一心一意追求公共善，且将会在实行直接民主而非代议制民主的邦国中追求公共善。他们是共和邦国的成员，但他们的邦国自然不同于美国，无论是过去的还是现在的，抑或任何可想象的未来的美国。想象这种理想公民的意义在于，对不完美的民主政制以及我们对公共生活缺乏热情这一状况进行批判性反思。人们很有可能怀疑这是否会有成效。

现代政治理论的伟大经典无疑在这一点上遵从了亚里士多德的见解：是宪法而非理想个人定义了好公民。甚至连卢梭也极好地理解了这一点，而正是他创造了理想民主共和邦国的完美公民的现代典范。他从孟德斯鸠那里学到的并不比许多美国读者少。他们都明白，他们那疆域辽阔的现代民主邦国的好公民不会像富有美德的罗马公民，后

12

者完全没有脱离于公民身份的个人认同。优良公民品质当然并不独立于它所处的特定类型的社会。也只有在完全意义上的完美民主政制之下，呼吁完美的共和美德才令人信服，而这种民主政制与现代代议制共和国之间存在根本差异。① 几乎没有证据表明，有很多美国人有兴趣考虑这种转型政治，更不要说对之抱有热情了。理想民主邦国的公民品质对美国人民没什么吸引力，而它本是以美国人民为对象提出来的，这一悖论颇为反讽。

无论是致力于捍卫当代的美国公民品质，还是想对其进行改造，我们都无法从乌托邦式共和主义那里获得多少帮助，对反联邦党人或他们那最终获胜的对手（联邦党人）的怀旧回忆也派不上用场。他们那个时代的好公民不再是我们的楷模。我们现在不是，过去也从来不是人口稀少、从事耕作、同质化的小邦国的居民，只有富于想象力的反联邦党人才会把美国各州比作古代城邦。并且，我们的多元种族和利益集团政治与麦迪逊批准"联邦比例"（federal

13

---

① 想要了解参与式民主必将带来何种转型，可参见 Benjamin Barber, *Strong Democracy: Patriciparory Politics for a New Age*（Berkeley: University of California Press, 1984）。

ratio）①、允许派系存在时所描绘的景象很不一样。从一开始到现在，这些变化都是不间断地发展出来的，这种连续性产生了显著的影响，它扭曲了我们的实际处境，使我们产生了错误的印象，即以为事情一成不变，这其实是一种贫乏空洞的印象。②

赞颂美国政治生活或为之扼腕叹息的人志得意满地或绝望地认为，美国在通往自由的单向大道上稳步进军，但事实并非如此。③ 真正持续不断发生的是一系列冲突，这

---

① 此处说的联邦比例是指"五分之三妥协"中的"五分之三比例"。1787 年美国南北双方在制宪会议中达成协议，将奴隶的实际人口乘以五分之三，来确定税收分配和美国众议院成员分配。当时对具体比例存在争议，最终获得认可的五分之三比例正是由麦迪逊提出的。——译者注

② 我们很有必要纠正这种印象，为此，我们可以参见 Gordon Wood, "The Fundamentalists and the Constitution," *New York Review of Books*, vol. 35, no. 2（1988），pp. 33—40。

③ Louis Hartz, *The Liberal Tradition in America*（New York: Harcourt, Brace, 1954), and Samuel P. Huntington, *American Politics: The Promise of Disharmony*（Cambridge, Mass: Harvard University Press, 1981). 我很小心地避免像他们那样，倾向于抹平美国历史中的断裂，尤其是夸大美国的自由主义色彩。在这方面，罗杰斯·史密斯对我帮助尤其大：Rogers M. Smith, "The 'American Creed' and American Identity: The Limits of Liberal Citizenship in the United States," *Western Political Quarterly*, 41（1988），225—251, and "One United People: Second Class Female Citizenship and the American Quest for Community," *Yale Journal of Law and the Humanities*, 1（1989），229—293。

种冲突源于长盛不衰的反自由主义倾向，它不时会跳出来主张自己的立场，反对包含在独立宣言以及后续相关文件——内战期间和之后通过的三个修正案——中对政治权利平等所作的承诺，并且还常常取得很大的成功。正是因为在过去和现在，奴隶制、种族主义、本土主义和性别歧视（它们常常在排他性、歧视性的法律和实践中被制度化）违背了已经得到官方认可的平等公民身份主张，美国公民身份观念曲折发展的历程中才会出现一种有待识别的真实模式。如果说这一模式中有什么是恒久不变的，那就是一直相互冲突的各种主张中有一项主张一直没变，下面两篇文章要讨论的正是这些主张。

14

在专注于讨论作为地位的公民身份时，我并没有低估国籍的重要性，也没有忘记移民和归化政策常常是多么不友善且偏执，但我认为，相比奴隶制的历史及其对我们的公共观念产生的影响，这些政策的影响和毛病就"相形见绌"了。我也不想暗示，教育和颂扬优良公民品质并不重要；对维持民主政制而言，这些事情是再要紧不过的了。但民主意识形态与公民身份的排斥性也有关联。就此而言，政治上的消极表现绝不是唯一的问题。通过拒绝接纳某些人，或拒绝承认他们作为选举人和自由劳动者的权利，美国社会积极、有意地不去践行自己吹嘘的原则。这几篇文章旨在提醒我们，被剥夺选举权的人和遭排斥者也是这个自诩民主的社会的成员。作为奴隶，他们无法与任何现代国家的受治者（subjects）①相提并论；作为非裔自由人和女性，他们充其量也就是受治者。不过，他们并非绝对君主制国家的臣民，而是一个立宪民主国的纯粹的受治者，这个国家无疑了其他人更多的权利，它还拒绝承认自己远未实现"自由之福"。事实上，从美国成为独立共和国开始，美国人就因"他们自诩的公民身份原则和他们那永远不让特定群体分享由成员身份带来的特权（privileges）的根深蒂固的欲望之间的刺眼的不一致性"②而深受折磨。这一

① subject 一般译为"臣民"，但臣民这个概念与君主国深度绑定，用在许多语境中未必合适，比如此处。因此译者往往会将其译作"受治者"，即受特定政府、特定法律秩序统治的人。在后文中，作者使用 subject 这个概念主要是在强调 subject 意义上的公民单纯接受统治，无法积极参与统治，但有时，她也会在严格的"臣民"意义上使用这个词。更复杂的是，在个别段落，这两种含义还会交替乃至混合出现。这并不意味着作者写作混乱，相反，这是为了准确展现相关历史事实。总之，在翻译 subject 时中文可能会词不达意，需要读者特别注意。——译者注

② James H. Kettner, *The Development of American Citizenship*，1608—1870（Chapel Hill: University of North Carolina Press，1978），p. 288.

张力塑造了美国公民们的真实历史。

因此，有一种方法可以对美国公民身份作富于历史感的探索，那就是去探究对那些曾不被承认拥有所有或某些公民身份属性的男男女女而言，对那些曾热切地想要成为完整意义上的公民的人们而言，公民身份曾意味着什么。从革命时代 ① 到现在，他们的呼声不仅将公民身份问题推上了公共议程，还定义了美国公民身份的独特之处：投票和赚钱。此外，由于排斥比接纳常见得多也容易得多，公民身份一直都是需要长期争取才能得到的东西，而这一点也形塑了它的特质。一旦以这种方式获得了公民身份，人们就不再会认为它是非常紧迫的问题。否定公民身份的那些岁月在这一宪法权利上留下了悖论性痕迹。

在第十四修正案出台之前，美国宪法完全没提到公民身份，但美国人对公民身份的社会含义有着相当清晰的理解，在自己的公民身份被否定时，他们会进行抗议。从一开始，他们就是以否定性的方式将自己的地位定义为公民的：他们通过将自己区别于比自己地位低下的人——尤其

---

① 此处所说的革命特指美国革命（American Revolution），即美国赢得独立、建立国家的过程，脱离英国统治的独立战争是其核心部分。——译者注

是奴隶，有时候是女人——来界定自己的公民身份。只要选举资格问题尚无定论，那么即便是白人男性也有理由感到不安。佛蒙特州和较晚成立的西部各州没有财产资格限制，但在其他各州，贫穷的白人男性不得不为选举权抗争，且常常是抗争很久才获得选举资格的。马萨诸塞州是最晚赋予所有男性选举权的州之一，镇民大会尤其不愿完全取消选举权的财产要求。[①] 对于所有在此类早期争论中使用**公民**一词的人来说，只有一件事是完全清楚的：奴隶绝不是公民。甚至在泰尼法官（Justice Taney）宣告没有哪个黑人拥有任何需要白人去尊重的权利之前，黑奴身份就已经是完整公民身份的极端对立面了，公民身份也正是这么来定义的。这是我国政治史中的一项基本事实，在这一事实中，我所说的作为地位的公民身份的重要性显现了出来。公民身份的价值主要就源自它对奴隶、部分白人男性和所有女性的拒斥。

选举权的主体范围经历过四次大的扩展，在这一过程中，奴隶身份一直都是政治争论中经常出现的字眼。反抗英国统治的殖民地居民，因财产资格和交税条件而被剥夺

16

---

① Porter, *A History of Suffrage*, pp. 109—111.

选举权的白人男性，内战之后的自由民（freemen）[①]，最后是女性，所有这些人都抗议说，如果自己没有投票权和同票同权待遇，那就是被贬低到奴隶的层次上了。此外，在晚近年代，南方黑人公民还不得不为了落实自己的选举权而奔赴法院，这些人对受人支配的境况有深刻的记忆。当然，除了自由民，在所有这些要求选举权的情形中，这种说法（即将自己的处境说成是奴隶般的处境）都有些言过其实。不过，只要奴隶身份不只是修辞手段或古代史教材的其中一章内容，而是一项基本的社会制度，那它就必然是一种威胁。无法成为完整意义上的公民至少是离沦为奴隶的可怕状态近了一步。沦为二等公民就等于遭受贬斥、丧失可敬的地位。这还意味着陷入被人统治的状态，即便不像奴隶那样完全被人统治，至少也比自由男性公民更多地遭受他人统治——女性的情形尤其如此。

为了获得与已经拥有选举权的人一样的权利而进行抗争的土生土长的美国人，投身于一场为了获得承认而进行

[①]　自由民指摆脱了奴隶身份的人，不分男女。但因为选举权扩展到女性的历史阶段要来得很晚，可以认为这里的自由民实际仅仅是指男性自由民。——译者注

的原始斗争，这些美国人希望自己作为共和国公民的地位得到承认。寒碜的民兵（militiamen）希望成为公民-军人（citizen-soldiers）而非雇佣兵。自由民——尤其是参加了内战的自由民——希望确保自己获得解放。女性不想再被束缚于家庭生活之中，想要和自己的父亲、兄弟、丈夫和儿子一样，拥有完整的公民身份。作为地位的公民身份之所以在历史上这么重要，并不是因为这么多的人在如此漫长的岁月中没能获得公民身份，而是因为这种排斥出现在这样一个共和国：它公开宣称致力于政治平等，其公民也相信他们生活其中的是一个自由且公平的社会。

　　未满 21 岁的人无选举权，但青少年没有理由为此感到不体面。青少年的这种态度再清楚不过地揭示了，地位问题在这四次选举权改革中是关键所在。在不涉及地位时，公民选举权并不被珍视。第二十六修正案给了年满 18 岁的人选举权，但他们对这个修正案既非孜孜以求，也谈不上有多大兴趣。那些据说受益于这个修正案的人并不要求制定这样一个修正案，也没有因为它被批准通过而欢欣鼓舞。他们大多在政治上并不消极——当被赋予选举权时，他们正在抗议越战——但并不怎么关心这个修正案。它最初是参议

18

院作为立法法案引入的，目的是应对民权倡导者的合理异议，它之所以变成宪法修正案，只是因为最高法院限制了它的合宪性，使之仅适用于联邦选举。[①] 为了避免各州出台复杂的登记要求，这一修正案不到三个月就通过了，速度之快堪称前所未有。[②] 从没有人严肃讨论过它。它是未经深思熟虑制定出来的，完全误解了"授予选举权"的价值。

作为一种生理或社会状态，人当然不会永远年轻，而在一个崇尚青春的社会，年轻绝不是什么丢人的事。1971年那会儿，年轻人更关心的是怎么逃兵役，而非成为公民-军人。因此，强加给他们的选举权绝没有提高他们的地位，或者说使他们的社会位置有所不同。相反，在年轻时，自由意味着不需要像成年人那样承担那么多责任。这最后一

[①] 国会最初提出的方案是降低地方和联邦选举权的年龄条件，但最高法院认为基于其权限，国会只能降低联邦选举权年龄。由此而来的可能结果是，美国将不得不建立复杂的登记制度，一套适用于联邦选举，地方选举则另有一套系统。各州也想避免这种麻烦局面，建立统一的最低年龄选民登记制度，于是这个修正案很快通过了。——译者注

[②] 在1970年6月19日的《纽约时报》个人专栏中，詹姆斯·莱斯顿（James Reston）表达了自己的担忧惊愕之情：政治上很积极的年轻人对降低选举权年龄竟然毫无兴趣。事实上，那时几乎没有媒体关心这件事，也没有学者对这个修正案感兴趣。我完全依据《纽约时报》上的一些简短描述。尤其可参见1971年3月24日和同年6月1日那两期。

次选举权主体范围扩大的结果表明，选举权的价值来自它
给人带来的地位。年轻人的满不在乎与黑人和女人在争取
选举权与政治地位的过程中表现出来的在乎劲儿形成了鲜
明的对比，他们曾被牢牢钉死在自己的生理和社会境况中。

　　赚钱这一权利的历史与选举权的历史非常相似。奴隶
当然是劳动力，但他们是主人的财产，工作了也得不到工
钱。那些除了操持家务别无选择的女性显然会发现自己和
奴隶处境相似，虽然将她们与奴隶相提并论明显有些言过
其实。不过，女性对这种类比有着深切的感受，尽管有时
它在政治上显得不合时宜。在某些情形中，它很有感染力，
但基于完全相同的理由，在其他情形中，它会产生事与愿
违的后果。许多女性身为妻子和母亲既不觉得自己遭受了
奴役，也不想被比作奴隶，奴隶的处境十足可怕，她们不
能也不想被等同于奴隶。并非所有美国女性都支持选举权
运动，相当一部分女性满足于她们当下的状况，不喜欢任
何激进的社会变革，最重要的是，她们害怕如果离开自己
的"合适领域"，她们会失去丈夫和其他男性家族成员的支
持。其他更激进的女性则认为，职业女性需要的是劳工保
护立法和家庭补助，而选举权运动与这些更为紧迫的需求

无关。她们不理解为何要将她们比作奴隶。① 这似乎是种侮辱，因为沦为奴隶是有失身份的。在很多时候，平等权利修正案（The Equal Rights Amendment，缩写即"the ERA"）②也会遭遇相似的反应。值得注意的是，正是因为把奴隶身份这一污名、**奴隶**这个词用到了家庭妇女身上，反对 ERA 的保守派女性才被激发出了最强烈的憎恶感。③ 出现这种反应没什么好奇怪的。某些女性之所以想确保自己的权利，是因为她们害怕变成二等公民，后者距离沦为奴隶只有一步之遥。不希望改变当前地位的女性则被这种类比深深激怒了，因为她们觉得被比作奴隶有辱身份。在这两种情形中，这一可怕记忆（对奴隶制的记忆）都鲜活依旧。

似乎从没有哪位黑人领袖对选举权表达过类似的敌意，但某些黑人领袖愿意为了黑人能改善经济条件、获得赚钱的资格和机会而先搁置选举权问题。布克·华盛顿（Booker

---

① Charles E. Merriam, *American Political Ideas: 1865—1917* (New York: Augustus M. Kelley, 1969), pp. 94—96.

② 平等权利修正案与权利法案、平权法案（affirmative action，平权行动）不是一回事。平等权利修正案致力于确保所有美国公民不分性别权利平等，1972 年得到国会两院通过，但未能在 1982 年 6 月 30 日最后期限前获得批准。——译者注

③ Jane J. Mansbridge, *Why We Lost the ERA* (Chicago: University of Chicago Press, 1986), p. 104.

Washington）无疑从未放弃最终使非洲裔美国人获得政治权利这一抱负，但他认为在充满干劲、经济扩张的年代，高效工作和财富更具社会价值；并非只有他一个人这样想。① 工作状况比政治权利更能定义一个人，这种感受也对北方白人工人② 的观念产生了影响，在内战爆发之前，他们就已经开始抱怨自己被工资奴役了。

在刚登上历史舞台的工厂工人中间，对陷入奴役的恐惧无疑是非常真切的，这尤其是因为南方宣传者使他们相信自己的处境比黑奴更糟。在一定程度上，"工资奴役"（wage-slavery）这一呼声也是对废奴主义者的一种抗议，后者成天关心南方黑奴的处境，对自己周围的白人工人所遭遇的苦难却似乎毫不在意。③ 废奴主义者中的代表性人物拒

21

---

① Merriam, *American Political Ideas*, pp. 80—81.

② worker 这个词本书一般翻译为"工作者"，只在特定语境中（比如此处的"工厂工人"）翻译为"工人"。这是因为"工人"一词外延相对狭窄，既不同于传统匠人，也不同于脑力劳动者，主要指现代工业中的体力劳动者。而施克莱所说的 worker 主要指食力者，他们认为工作光荣、人得有用，与之相对的是不事劳作、吃祖宗饭的食利者，他们认为工作可耻，自由而无用最光荣。因此，本书中的 worker 外延上远比汉语中的"工人"宽泛。——译者注

③ Marcus Cunliffe, *Chattel Slavery and Wage Slavery*（Athens, Ga: University of Georgia Press, 1979), pp. 1—31.

绝将白人工人和奴隶相提并论，但在解放黑奴之后，要求缩短工作时间、改善工作条件的劳工运动显然得到了威廉·劳埃德·加里森（William Lloyd Garrison）和温德尔·菲利浦斯（Wendell Phillips）的支持。① 他们支持劳工运动的理由和之前促使他们反对南方奴隶制的理由明显是一样的。②

北方的自由工人当然明白他们不是奴隶，也不想变成真正的奴隶，尽管有传言说南方种植园里的黑奴过着美好的生活。不过，由于大规模移民和工厂作业形态的引入，他们的独立性和收入都明显降低了。当这些工人沦为生产过程中的另一个要素时，他们便渐渐看到奴隶制的幽灵了。他们明白，他们的合同并不是自愿接受的雇佣条件；正如一位劳工领袖所言，他们表达的是"**认了**（assent）而非**认可**（consent），他们是屈从（submit）而非同意（agree）"。③ 说这是自愿签署的合同跟说这是奴役一样，都有违真相。他们真正想说的是，他们不再是独立的共和国公民了，而在为工资工作之前，他们是拥有这种独立公民身份的。炭炭

---

① 加里森和威廉姆斯都是著名的废奴主义者。——译者注

② David Montgomery, *Beyond Equality*: *Labor and the Radical Republicans*, *1862—1872*（New York: Random House, 1967）, pp. 123—124.

③ Ibid., p. 251.

可危的并非只有收入，他们的独立性也受到了威胁。

内战之后，工人开始组建工会谋求改善自己的工作生
涯，奴隶制也废除了，在这种情况下，人们可能会料想，
古老的恐惧将会平息，但事实并非如此。工会能够也确实
做了许多事情来改善工作生涯，但它们无法阻止失业发生，
而在美国，人一旦失业便丧失了自己的地位。在大萧条时
期，美国的失业工人依然认为，丧失收入、需要依靠某种
形式的援助意味着可耻地丧失了独立性，不再拥有充分的
公民尊严。现如今，人们认为失业是一种社会性不幸，而
非丢人现眼之事，但长期依赖福利就另当别论了。靠福利
生活意味着丧失独立性、不再被视作完整意义上的社会成
员。实际上，身处社会底层的人并不是充分意义上的公民。

下面两篇文章并没有对美国公民身份作面面俱到的讨
论，它们是对美国公民身份的历史反思，这段历史本可以
也应该得到更多叙说。我仅试图让人们回想起常常被美国
政治思想史家忽视的事实：奴隶制不仅长久影响着美国黑
人和经历内战的那代人，它对那些既未遭受奴役威胁，也
没有深刻、积极地反对奴役的人们的想象和恐惧也产生了
持久影响。**奴役**这个词过去常用来表达，在一个奴隶常出

现在人们眼前或至少活生生存在的国家中，对遭受压迫的恐惧。这种意义上的奴役和作为修辞手法使用的奴役含义

23　大不一样。投身反叛事业的欧洲人也许会大喊他们被奴役了，但他们从未见过真正的奴隶制。美国人带着痛苦、悔恨、恐惧和厌恶忍受着奴隶制。这是一种深刻的经验，它将在我们公共生活最基本的建制（institution）——美国公民身份——上打下烙印。

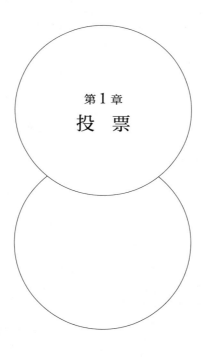

第 1 章

投　票

汉德法官（Judge Learned Hand）曾经说过，"我当25然知道'自己的选票能决定一些事情'这一信念是多么虚幻；话虽如此，当我走向投票站时，我还是有一种满足感，因为我们都参与进了一项共同的冒险事业。"[1] 在走向投票站时，我们大多数人也都有同感。我们正在参与一场对个人来说意义重大的严肃仪式。当我们想起那些生活在世界其他地方、不被允许投票的人时，我们会为他们感到遗憾。此外我们知道，对我们的整个政府体制来说，投票都是至关重要的。投票这一简单举动是民选政府大厦的最终基础。然而，有将近一半数美国选民根本懒得去投票。

---

[1]　Quoted in Kenneth L. Karst, *Belonging to America* (New Haven, Conn.: Yale University Press, 1989), p. 94.

不去投票以及由这种懈怠引发的失望都谈不上新鲜。亚历山大·汉密尔顿已经注意到，"人们在行使这一无比宝贵的特权的过程中，表现出了令人担忧的冷漠"，并且不出所料，他批评了选民，而非谴责通往投票站的路途太过艰辛。[①] 在本世纪，低投票率一直都令政治学家忧心忡忡。在有如此多的事情取决于投票结果的情况下，漠视选举似乎是非常"反常"且错误的。[②] 在对弃权行为的研究中，政治学家自始至终都在争论，到底是什么导致了美国人这一令人忧虑的政治行为。有些政治学家相信，妨碍登记的法律或者通往投票站的艰辛路途是问题所在，汉密尔顿的反对者就持这种信念。[③] 其他人则认为，对大部分人来说，投票就是去毫无意义地做做样子，他们觉得政治体制并不在乎他们的关切，认为参加这种对自己的生活毫无影响的仪式没什么意义。如果不会带来任何结果，他们为何还要赶去

26

① *The Federalist Papers*, ed. Clinton Rossiter (New York: New American Library, 1961), no. 61, p. 373.

② Charles E. Merriam and Harold F. Gosnell, *Non-Voting* (Chicago: University of Chicago Press, 1924), pp. 1—2.

③ Frances Fox Piven and Richard A. Cloward, *Why Americans Don't Vote* (New York: Pantheon, 1989).

投票呢？

另一方面，对投票者来说，投票是在"确认归属"而非行使权利。[1] 特别是对受过教育的人而言，"投票最重要的好处……是表达性而非工具性的：一种某人尽了自己对社会……以及对本人的责任的感觉。"[2] 冷漠和投票过程中的各种阻碍都会导致低投票率，没什么特别的道理不能这么认为。不过，相比于对已经发生的事件作出说明，解释为何某些事情没有发生或某些人没有行动总是更为困难。之所以想要研究全然没有发生之事，其原因也往往很复杂。我们之所以想知道为何某一群体或某些个人没有作出某种规定的行为，是因为我们认为他们本该这么做。这种惊诧未必是因预期落空而产生的；它也经常是在表达一种道德上的失望。美国的工人拒绝像马克思主义理论规定的那样行动，马克思主义者对此口诛笔伐，这种批评并非只是在分析一个科学困惑。这些作者显然很恼怒。弃权问题上也是一样。如果投票并非像社会规范那样，意味着一种伦理

27

---

[1] Kim Ezra Schienbaum, *Beyond the Electoral Connection* (Philadelphia: University of Pennsylvania Press, 1984), pp. 10, 126.

[2] Raymond E. Wolfinger and Steven J. Rosenstone, *Who Votes?* (New Haven, Conn.: Yale University Press, 1980), pp. 7—8.

期待，那么政治观察家很可能就不会这么关注弃权问题了。

我不明白，为何有这么多美国人不去投票。十有八九，这是许多原因造成的。不过，我们确实应该关注这一问题，因为从我们的历史来看，在确认公民身份过程中获得的、由（投票的）象征意义带来的满足（symbolic satisfactions）并非无关紧要之事。在长达两个世纪的时间里，那些被剥夺选举权的美国男女无比渴望选举权，并且为了获得选举权进行了漫长的抗争，一想到这些，下面这一景象就显得很令人震惊了：他们那些更为幸运的后代竟会对选举权不屑一顾。不过，我们或许不该老是大惊小怪。正是因为美国人当中有不少人数众多的群体未能获得选举权，这一权利才会成为社会地位的标志。未被授予这一权利的人几乎等于奴隶，不过一旦拥有了这一权利，它就不会再带来其他个人层面的好处了。真正重要的仅仅是（拥有）这一权利，而非行使这一权利。没有选举权的人不是完整意义上的公民。而一旦获得这一权利，它的功能——将公民与地位低下者（尤其是奴隶和女性）区别开来——就已经实现了。因此，成为选举人既是一种行动号召，也是一种状态（condition），现如今还确实在投票的那些人依然是在宣告公民名分（civic

28

estate），一代代被排斥的男男女女都在为此积极抗争。

对那些没有选举权、依附于他人的男男女女来说，公民身份意味着什么呢？只有考虑到他们对公共地位、个人独立性和共享政治权利的渴望，我们才能指望对美国公民身份及其意义作出在历史层面足够真实的说明。即便并不符合对公民美德的各种理想化设想，它也依然值得我们尊敬。毕竟，这些人为了获得作为美国人的权利进行了斗争。我强调了他们的政治期望和政治努力，这很可能给人留下这种印象，即我过分强调了美国公民身份的独有特质，但我无意强调所谓的"美国例外论"。全世界人民都在热切追求投票和被代表的权利，但等级、阶级、国别和宗教之间的关系导致任何一场以此为目标的政治抗争都带有"例外"色彩，亦即它们彼此不同。在本文中，我致力于反思这样一个民主国家的特殊性，它不仅不得不和遥远且带有不平等印记的欧洲历史作斗争，还要与自己那远比欧洲专横暴虐的制度和信念作斗争。

美国人承认政治权利平等这一意识形态，但同时又有一种根深蒂固且寻常可见的欲望，即想要将若干人数众多的群体排斥出公民范围，拒绝给予其公民身份。平等意识形态与排斥欲望之间的张力，在美国民主政制的每一个历史阶段都留下了自己的印记。使美国不同于其他现代国家的，主要就是奴隶制与立宪民主制并存这一现实。人们只需回想下公民身份观念的大致历史，便能立刻注意到美国与其他现代国家的这一差别。

现代民主国家的公民身份本身是政治思想中的新起点，但在美国，政治平等与奴隶制紧密缠绕在一起，因此加倍复杂。人们可能也还没有完全承认或认识到这一点。最著名的公民身份论述，亦即亚里士多德的相关论述，确实以奴隶制社会为对象，但它几乎没有民主色彩或民主意图。亚里士多德先是指出，单纯出身或居住于本邦还不足以使人获得公民身份，然后他将公民身份定义为统治与被统治。只有极少数公民算是适合参与此类活动的，或者说适合接受完美的教育，后者是政治的真正目的。这是一个高度排斥性的定义，因为在理想情况下，只有拥有可以使人享受闲暇的物质资产和个人教养的男性才能拥有这种公民身份。女人和奴隶存在的唯一目的就是在家中服侍他们。此外，由于大部分工作形式都会使人遭受玷污，劳苦之人就不可能适合发挥公民职能。只有自由且出身良好者才能成为真正的公民，即便其他所有人并非真的都被奴役着。①

　　这是为主人阶级（master-class）成员量身打造的公民身份，他们相互之间确实很亲密，可以花时间一起商讨邦国大事，尤其是战争、和平与结盟，此外也讨论用于这些事务和其他重大公共事业的邦国开支。亚里士多德所论述的公民身份是品格塑造和公共活动的混合体，适用于教养良好且有大把自由时间的绅士们。② 这是一种理想，这一理想使古往今来仰慕雅典的人，特别是那些试图让我们践行直接参与式民主的美国人心醉神迷，这些人忘了，鉴于足够积极的全体公民之间的凝聚力代价高昂，亚里士多德所论述的教育性公民身份（educative citizenship）不得不带有强烈的排斥性。③ 尽管激发了智识想象，但亚里士多德提出的作为统治者的公民概念并未真的对美国人产生很大影响，因为哪怕是美国的奴隶主，也公开表达了远比亚里士多德

30

① 亚里士多德意义上的自由主要是指摆脱以维持生计为目的的操劳，有闲暇从事美德实践，后者主要指政治活动。因此这里所说的自由的对立面不只是严格意义上的奴役，单纯为生计操劳也意味着不自由。——译者注
② Aristotle, *The Politics*, bk. 1, chaps. 3—13, 1253b—1260a, pp. 38—54; bk. 7, chaps. 1—15, 1323a—1334b, pp. 197—223.
③ 最值得注意的是 Hannah Arendt, *The Human Condition*（Chicago: University of Chicago Press, 1981）。

的观念更具个人主义和平等主义色彩的价值观。

亚里士多德论述的参与式贵族政制拥有持久的吸引力，这源于它对公民实践以及公民日常生活中公共活动的重要性所作的说明。没人会说这种公民身份的分配是民主的，因为占人口绝大多数的被统治者被排斥于一切公共活动之外，或者遭受着奴役，但据说特权者享受着完美的民主活动形式。被剥夺选举权的美国人并不要求获得这种类型的公民身份。他们的追求相当不同：公民身份被平等分配，由此他们的地位也能得到承认，他们的利益能够被捍卫和促进。因此，呼吁践行古典参与式民主可能是非常不民主的表现，因为它并不符合如今大部分美国人的期待，也从未在过去得到践行。"参与到公共领域中去"这一呼吁往往会促使美国人参加志愿组织，这类组织会去推动某些与他们直接相关的政策或事业。

对美国人来说，相比于对古代雅典的记忆，极为不同且更加重要的是公民-军人的形象。人们正确地认识到，马基雅维利是这一理想最完美的现代捍卫者。他眼中的理想公民是公民美德的典范，拥有随时准备战斗，并为祖国的军事荣耀而牺牲个人利益的一切军事素质。贪财欲以及被

31

嘲讽为娘娘腔气质的优雅品格特质被严厉地指责为是腐化堕落的表现，而这正是因为它们会妨碍真正的公民职责、战斗意愿以及为荣耀献身的决心。为此，除了组建优秀的军队，也得制定良好的法律，可以期待富有美德的公民会拥护军队和法律，而不是像特权阶级那样，自然而然走向自我堕落。①

在每一场战争中，年轻的美国人多少都会怀有上述情感，而且他们会问，能在战争中为国效力的优秀男性，难道并不适合成为完整意义上的公民吗？的确，相比那些并未表现出与之相当的军事勇气的人，他们不是更有能力履行公民义务吗？在许多美国人看来，富有美德的军人最适合成为真正的共和秩序中的公民。不过，这一公民美德观念并未被普遍接受，事实上，许多美国人一直拒斥这一假定，即公民想要投票就必须证明自己拥有美德。权利并不取决于美德。

与这些本质上非常积极的公民身份形式差异最大的，莫过于作为忠顺受治者的公民观念。博丹和霍布斯不只

32

---

① See especially Quentin Skinner, *Machiavelli* (Oxford: Oxford University Press, 1981).

是绝对君主主义的辩护者，他们还设计出了致力于满足普通人最紧迫的需求——免于因征服、内战、无政府状态和私人暴力而遭受侵犯的最低限度保障——的政治制度。臣民明确服从立法权威、不再自作主张，作为回报，他们得到了安全保障乃至可以兴旺发达。据霍布斯说，这种事态是由理性人通过契约建立起来的，并且无论如何，这都必定总是人们最想实现的事态，而如果他们理解无法状态（lawlessness）的成因和结果，那他们就能实现这一事态。对普通人来说，绝对君主并不构成威胁；哪怕君主是尼禄，遭殃的也只是他身边的廷臣。主权意味着制定和实施法律，公民身份的最高境界在于，臣民理解为何要服从法律，为何除了生命受到威胁的时刻——此时他们不再是臣民——他们都得始终如一地遵守法律。只要还没碰到这种极端时刻，那么在这样一个方面，臣民–公民就是相似且平等的：他们都是接受主权者统治的人。①

在主权的运用中，同意无须发挥重要作用。博丹的看法更合乎习传观点，在他看来，臣民的身份是自然获取的，

① Thomas Hobbes, *De Give*, ed. Sterling P. Lamprecht（New York: Appleton-Century-Crofts, 1949）, pp. 86, 114—115, 119—120.

它也可以极具包容性。在特定国家土生土长的人是臣民，这种身份也可以通过"归化"获得，后者想必是对自然的模仿，在归化过程中，同意替代了偶然的出生。博丹笔下的公民是"受他人主权支配的自由臣民"。不过，身为臣民并不仅仅意味着居住于某国；真正重要的是"受制于他人之命令的力量。"在博丹看来，亚里士多德的定义"跛脚且问题重重"，因为统治是君主的职责，而公民的特点是安享法律授予的权利和特权。他同时提到，（受到）公平审判属于这类权利，但脱离国家的自由则否。自然的公民-臣民应当服从主权者；主权者应当给予他"教导、正义和防卫"。公民是受保护的臣民。人和公民是一回事；公民并没有什么区别于人的独特品质。他是纳税人。他不需要有任何自然的或习得的道德品质。这就使得排斥和接纳问题完全取决于法律。博丹没霍布斯那么哲学化，他可以说是现代国家及其虽有限制但本质上平等且包容的公民身份观念的真正发明者。① 诚然，在早期现代国家，臣民只在主权者面前相互平等，各种等级、政治地位、权力和财富的不平等依

33

---

①   Jean Bodin, *The Six Books of the Commonwealth*, ed. K. D. McRae（Cambridge, Mass.: Harvard University Press, 1962）, bk. 1, chap. 6, pp. 46—69.

然大行其道。不过，随着君主主权的衰败，霍布斯和博丹理论中的平等主义意涵变得显而易见，并得到了实践，在法国尤其如此。

美国从未建立过绝对君主制。在德雷德·斯科特案判决（the *Dred Scott* decision）① 出台之前，仅仅作为受治者的公民观念是为黑人自由民准备的，而德雷德·斯科特案判决甚至将他们的这一地位也剥夺了。正如一位北卡罗来纳法官于1835年所言，"根据我们的法律来理解，'公民'这个词汇和普通法中的**臣民**非常类似……曾经'国王的臣民'如今是'本州的公民'。"因此根据这一观点，自由民可以是公民-臣民（受治者），但对于被这样定义的公民来说，"'拥有政治权力（power）'并非其不可或缺的构成部分"。若干年后，

———————

① 全称为"德雷德·斯科特诉桑福德案"，由美国最高法院于1857年作出判决，被认为是南北战争的起因之一。基本案情是，黑奴德雷德·斯科特曾随主人到自由州伊利诺伊和自由准州威斯康星居住过两年，随后回到蓄奴州密苏里。主人死后，斯科特提起诉讼要求获得自由，案件在密苏里州最高法院和联邦法院被驳回后，斯科特上诉到美国最高法院。最高院驳回上诉，基本理由有如下三点：1. 即便是自由的黑人也不属于《美国宪法》所说的公民，因此斯科特无权在联邦法院提起诉讼。2. 斯科特不能因为到过自由准州威斯康星就获得自由，因为在威斯康星州排除奴隶制的是《密苏里妥协案》，而制定《密苏里妥协案》超出了国会的宪法权力。3. 斯科特不能因为到过自由州伊利诺伊就获得自由，因为他一旦回到密苏里州，他的身份就只受密苏里法律支配。——译者注

宾夕法尼亚州最高法院附和了这种主张：不一定要准许自由民"进入政治伙伴关系"，即便他们是本州的公民。①

用**公民**一词来描述单纯的受治者是对民主实践的冒犯，对于民主理论来说同样如此，卢梭的一大功绩就是指出了这一点。然而，尽管卢梭对霍布斯和博丹多有指责，但作为条理最清晰的民主国家公民身份理论家，他从霍布斯和博丹那里学到了很多。他笔下的共和邦国公民当然不是统治者。地方执法官统治着公民，但公民确实参与进了立法工作，因此他既是主权者的一员，又是受治者。通过缔结能够让人实现道德转变的契约，他变得既适合创制也适合维持确立公民身份之条件的规则了，这些规则将他从对他人的个人依附中解放了出来。并非每个人都符合获得公民身份的严苛条件。女人自然要被排除在外，因为她们在心理上太过强大和专横，因此不能允许她们来分享政治权威。然而，卢梭描绘的完美公民形象却是一个女人，一位斯巴达母亲，她迫不及待地感恩战斗取得了胜利，尽管她的所有儿子都死在了这场战争之中。要具备这种品格，显然得 35

---

① Kettner, *The Development of American Citizenship*, pp. 316—317.

进行持续不断的教育和巩固，而这正是卢梭所设想的。

当人成为公民，他们不仅获得了受法律保护的财产，也有了公心（public conscience）、公意，后者必然会经常与偏私的个人意志产生冲突。① 而既然共和邦国公民身份完全取决于思想状态，那它必定既管控公民的信念，又拒斥那些信奉不符合公民宗教的观念的人。仇外情绪颇有助益，与此同时，在一个由农民-爱国者构成的社会中，一切智识表现形式都将被消除。财富差距过大会导致富人依赖穷人提供的服务，穷人依赖富人给予的恩惠。与霍布斯和博丹笔下的受治者不同，这种公民期盼的不只是安宁；他要求法律保障其独立性和平等的政治权利。作为"分享主权权力"之人，他不能被代表，而必须亲自参与立法，但在参与立法时，他不只是与他人不相关的个人，同时也是公民集体的有觉悟的成员。当他没能遵守他为自己制定的法律（因而被惩罚）时，他只是在"被迫自由"，即便在被判处死刑时也是如此，因为这就是他同意施加于一切和他相同的公民

① 这段依然在讲卢梭的观点。作者往往不会呆板地点明她是在讲她本人持有的观点还是她所解读的思想家的观点，不会点明是在讨论这个思想家的观点，还是已经在讨论别人了，同时文献注释又很少，很多时候读者只能根据具体语境、实质内容来辨别。——译者注

的法律要求。违法公民其实是叛国者。

在共和邦国，公民可以参加地方执法官的选举，但卢梭乐于看到这种权利像在古罗马那样，被部落大会（tribal assemblies）① 上的口头表决削弱。在完美的民主邦国，只要抽签就行。这些规定和以道德缺陷及无法坚持参与公民活动为根据进行的排斥行为都是完全相容的。在卢梭为科西嘉岛制定的计划中，只有成年、拥有土地且至少已经是两个孩子父亲的男性才符合条件。② 这确实是一种富于美德者才能享有的公民身份，在 18 世纪的美国政治舞台上，它确实也找到了一席之地，反联邦党人的虚华辞藻就会引用这类说法，如今，在参与式民主的提倡者中，依然有人推崇这种公民身份观念。③ 此外，任何民主理论显然都必须为卢

① 也有音译为"特里布大会"的，罗马的公民大会之一。——译者注

② Jean Jacques Rousseau, *Emile*, in *Oeuvres Complètes*（Paris: Pléiade, 1969），p. 249；*Contrat Social*, ibid., vol. 3, bk. 1, chaps. 6, 7, 8；bk. 2, chaps. 4, 5, 11；bk. 3, chaps. 9, 14, 15；bk. 4, chaps. 2, 3. *Constitution pour la Corse*, ibid., p. 919.（我在引用《社会契约论》时只点明了章节，因为这本书有许多版本在流通。）

③ 在 1787 年的那个小册子文本中，有一处直接提到了卢梭，作者以赞许的态度非常显眼地引用了卢梭反对代表的论证。See "Essay by a Newport Man" in *The Complete Anti-Federalist*, ed. Herbert J. Storing（Chicago: University of Chicago Press, 1981），vol. 4, pp. 250—254.

梭笔下作为投票立法者（voting legislator）的主权者公民保留一定的地位，即便美国人从未准备采纳以保持公民美德为目的的激进的持续教育方案——卢梭认为，如果希望公意和公民平等通行于世，公民就必须拥有这些美德。

相比之下，杜尔哥（Turgot）所说的"公民-业主"（citizen-proprietor）观念就不那么严苛了，它也更能适应现代国家的状况。[①] 洛克在更早之前论述过这种观点，并在美国产生了影响。这种公民一般要有属于自己的身外之物（external goods），但并不是说逻辑上非如此不可。这类公民必须拥有的是自我所有权，亦即他绝不能是奴隶。除非能获得法律保护，否则他的生活以及维持这种生活的财产都将缺乏保障，而为了获得这种保障，立法机构中必须有公民-业主的代表；否则他会被税收或其他征用手段摧毁。公民是选举人和缴税者。也许只有少数人能获得公民身份，但即便一开始它确实给公民身份的获取施加了限制，这种限制也并非公民-业主这一观念所固有的。在 18 世纪，大部分美国人都同意布莱克斯通的观点，即为了"排除被认

---

① Quoted in Keith Baker, *Condorcet* (Chicago: University of Chicago Press, 1975), p. 208.

为处于没有自身意志的卑贱状态的人"①而设置的选举财产资格是合理的。但独立宣言只提到了所有人的"生命、自由和追求幸福"的权利，以及被治理者的同意，而这将会是所有不想被排除在公民范围之外的美国人的立足点。反对方最有力的论据是有恒产者有恒心（the moral stability gained from property）。不过双方都承认，对于代议制共和国中的公民身份来说，个人"独立性"是非常重要的。

统治、军事英勇、因出生或同意而接受特定国家统治、直接立法或通过代表立法、拥有财产：这些只是在各种政制下获得公民身份的最常见条件，而非政治理论专业的学生所了解的一切条件。我在前文中提这些条件部分是为了说明美国人思考公民身份的背景，但主要是为了说明美国公民身份有多么独特。原则上，任何在历史上有过重要地位的政体形式和公民身份形式，在拒绝给予许多人群以公民身份时都不会陷入自相矛盾的境地，但自然权利理论的出现导致人们很难再找到什么好理由来为这种做法——在现

---

① Quoted in Chilton Williamson, *American Suffrage from Property to Democracy, 1760—1860* (Princeton, N.J.: Princeton University Press, 1960), p. 11.

代共和国中，拒绝给予随便哪个人以完整的政治上的成员身份——辩护。诚然，美国人总是能找到一大堆意识形态理由——从种族主义到社会达尔文主义，从宗教偏执到本土主义（nativism）——来为排斥、歧视政策作辩护。一般来说，此类狡辩主要诉诸种族主义和性别歧视，在很长一段时间里，它们都非常奏效。它们也从未消失。直到它们最终向政治现实妥协后，公民身份的壁垒才不得不逐渐崩塌。我无意暗示这一过程来得很快或很容易，乃至于说这是不可避免的，我只想说明，在经历长久且充满痛苦的斗争之后，以政治平等为基础的美国代议制民主政制的政治逻辑确实占据上风了。

确实，从一开始，选举权斗争就因流行信念的存在而极端激烈。革命时代的一切虚华辞藻都宣称，政府的正当性完全以"我们人民"中多数人的选举为基础，并拒绝任何其他的代表形式。要求选举权的人遭遇的不是贵族制或君主制政体的原则，而是这样一种代议制民主政制：它虚假地宣称他们这些人有个人缺陷，意图以此为根据，将他们视为比"我们人民"低劣的人。被排斥者不仅被剥夺了不那么触动人心的政治特权，还被自己的同胞背叛和羞辱了。

这还没完。早先，选举被简单理解为个人利益和偏好的表达，由此而来的后果是，公民身份与美德之展现无关。不是只有英雄才能投票。投票更多是一种自抬身价而非自我牺牲的行为，汉密尔顿无疑就这么认为，可见诸他对自由社会中选举如何运作、要发挥何种作用的说明。① 统治、战斗和立法都是公民活动，参加投票以保护自身利益也不例外，但只有投票是所有人都能参与的活动。因为我们所有人都有利益，且没有显而易见的理由可以将任何人排除在公民范围之外，因为并不是要展现出美德才有资格成为公民。确实，博丹和霍布斯笔下的公民-臣民也不必特别爱国，不过他们唯一要做的事情就是服从。他们在市民社会（civil society）而非公共领域中活动，② 但正如霍布斯立即指

① *The Federalist*, no. 35, pp. 214—217.

② civil society 一词含义众多，在当下的使用中，主要有两种相当不同的含义，我们要根据具体含义将其翻译成不同的中文语词："市民社会"和"公民社会"。市民社会指的是一个人们以私人身份活动、关切自身利益的活动空间，它处在家庭和国家之间，是一个受司法等手段保障的——因而并非纯私人性的——"需要的体系"，粗略来说是经济的而非政治的，它主要出现在政治经济学论述中。公民社会即一个独立于国家，但又关注公共事务的活动空间，它主要出现在关注公民抗争、社会运动的政治哲学、社会学等研究领域中。这种意义上的公民社会概念是最近才流行开来的，很大程度上与冷战结束后的大环境有关，比如东欧国家的转型便催生了大量相关文献。但宽泛意义上的公民社会其实远比政（转下页）

出的，他们也不是奴隶。① 不过，当人们认为每一个活生生的人作为公民都有权利要保护、有利益要促进时，那么将其排斥于公共生活之外就不只意味着粗鲁地无视他的利益，这还否认了他的公民人格和社会尊严。事实上，美国革命

（接上页）治经济学意义上的市民社会古老，可以说至少在亚里士多德那里，公民社会就已经出现了。在流行于 17、18 世纪的社会契约论叙事中，公民社会（洛克：政治社会）主要指在逻辑上乃至时间上先于政府的最终主权者、最根本的政治共同体，政府是受其委托、授权产生的主权代理人。黑格尔不再局限于纯粹的政治哲学，转而开始关注政治经济学，也是在他手里，civil society 这一概念被彻底改造了，粗略地说，civil society 从政治社会变成了市场社会；马克思基本在黑格尔意义上使用市民社会概念。此外，civil society 还有"文明社会"等含义。施克莱主要在黑格尔的意义上使用在 civil society 一词，但她并非就黑格尔论黑格尔，而是借用黑格尔的相关论述来分析美国社会，因此在使用这一概念时并不紧扣黑格尔原义。（作者的相关讨论参见本书第 2 章，特别是该章第一段。）公共领域这一概念也并不清晰，且与 civil society 有复杂的语义关联。主要受哈贝马斯的影响，一般所说的公共领域大致可以等同于公民社会，即一个关注公共议题但又独立于国家的言论空间。此处施克莱笔下的公共领域大致指公民政治行动的空间。在其他文本中，施克莱对这个术语的使用既不同于哈贝马斯，也不同于对她影响颇深的阿伦特在《人的境况》一书中对公共领域所作的古希腊式界定。她往往在"公共机关可以介入的领域""留给私人自己处分的领域"这种较为直白的意义上使用公共领域、私人领域这两个术语。这种界定源于她的"恐惧的自由主义"思想。她认为，自由主义要求公共政策关注宽容与强制的恰当边界，从而使人免于恐惧，因此对自由主义来说，公私之分是极其重要的。（See Stanley Hoffmann ed., *Political Thought and Political Thinkers*, The University of Chicago Press，1998，p. 6.）——译者注

① Hobbes, *De Give*, p. 110.

很大程度上就是对此类政治处境的抗议。

人们常常提到，在革命之前的年代里，美洲人①经常抱怨道，如果英国政府不满足他们的要求，那他们的处境比奴隶也好不了多少。这种修辞一定程度上借鉴了英国的相关说法，但正如许多当代学者指出的，在美国，不能仅仅将**奴隶**一词理解为一个用来说明政治独立性遭消减的隐喻。它有某种更实在的意涵：大部分美国黑人的真实处境。虽然不太可能沦为奴隶，但对美国白人来说，奴隶的处境却是一个梦魇，之所以如此，至少部分是因为契约劳工（indentured servants，契约奴）的处境，他们虽然比黑奴处境好得多，但却足够接近奴隶处境，因此在许多人心

40

① 此处的 Americans 翻译为"美洲人"，因为当时美国尚未建国。当然此处所谓的美洲人其实就是以新英格兰地区为核心的英属殖民地人民、美洲英国人，而非宽泛意义上的美洲人。后文中，除了个别几处 Americans 会翻译为"美洲人"外，译者在某些历史语境较为模糊的段落中还是会选择"美国人"这一译法，一方面，"美洲人"一词含义太过宽泛，另一方面，作为后来者，我们将美国建国之前生活在美洲英属殖民地的那些人追溯为美国人也没有太大问题，当时已经存在类似美国的想象的共同体了。最重要的是，作者是把殖民地时代作为美国历史的一部分来处理的，很多时候对殖民地时代的分析和对一般意义上的美国人的评价是交叉进行的。——译者注

里刻下了对遭受奴役的恐惧。① 约翰生博士很可能会对奴隶主的自由主义意识形态和虚夸之辞大加鞭笞，但正如埃德蒙·伯克观察到的，这两者是紧密联系在一起的。

在他关于美洲冲突的著名演讲中，伯克论述了当地文化的特殊性。"（在）弗吉尼亚和卡罗来纳，"他观察到，"他们有大量奴隶。在世上任何地方，只要有奴隶，那些自由人显然就是最为自己的自由骄傲、最珍爱自由的人。对他们来说，自由不只令人愉快，它还是一种等级和特权……在这样一个民族中，支配的傲慢与自由的精神结合在一起，守护着它并使之变得不可战胜。"② 或者像现代历史学家埃德蒙·摩根（Edmund Morgan）不久前说的，"对于拥护共和的人来说，自由是宝贵的，弗吉尼亚人也许已经对这种自由有了特殊的理解，因为他们每天都能看到，没有自由的人过着什么样的生活。"③ 因此美国人会在任何地方——尤其

① Bernard Bailyn, *The Ideological Origins of the American Revolution* (Cambridge, Mass.: Harvard University Press, 1967); Edmund S. Morgan, *American Slavery*, *American Freedom* (New York: Norton, 1975); Abbot E. Smith, *Colonists in Bondage*: *White Servitude and Convict Labor in America, 1607—1776* (New York: Norton, 1971).

② Edmund Burke, "Speech on Conciliation with America," in *Works* (Boston: Little, Brown, 1881), vol. 2, pp. 123—124.

③ Morgan, *American Slavery*, *American Freedom*, p. 376.

是在对他们认为自己拥有的权利进行限缩的举措之中——发现奴役的存在。

确实，美国南方各州极端状态混杂的情形能够极好地说明，为何会有这样的心理。但在道德和政治层面，这种混杂情形潜藏矛盾，新英格兰的小册子作者们就这么认为，特别是最著名的小册子作者詹姆斯·奥蒂斯（James Otis）。41 "（殖民地居民）终究将会是人、公民和英国臣民。议会的任何法案都不能……将人变为奴隶，且不只是一个人，而是共和国的 200 万人。诞生于此地的殖民地居民，无论黑人还是白人，是生而自由的英国臣民，都有资格获得英国臣民的一切公民权利。"① 这段话所展现的对自由之逻辑的领悟是独一无二的。这也许是因为奥蒂斯在思想上很孤立，他是在精神病院走向人生终点的。他确实采用了常见的围绕奴役或自由展开的共和主义修辞，但他提到了黑人和他们的命运，这显然说明，他至少清楚地知道奴役意味着什么。显然，在把自己受英国统治的处境与他们自己的黑奴

---

① James Otis, *The Rights of the British Colonies Asserted and Proved* (1764), in *Tracts of the American Revolution: 1763—1776*, ed. Merrill Jensen (Indianapolis: Bobbs-Merrill, 1967), pp. 20—40.

的状况相提并论时，大部分美国人都在"以真正令人惊骇的尺度进行夸张"。① 但我们必须得说，奥蒂斯绝没有陷入流行的虚伪和道德失明（moral blindness），因为他是一个直率且富有斗争精神的废奴主义者，他坚决主张，自由是不可分割且普遍为人所有的，唯有如此，自由才配得上它的名字。② 在这一点上，他是独一无二的。

恰恰因为奥蒂斯是在精确而非宽泛的意义上使用**奴役**这个词的，他将自己的处境说成是遭受奴役才显得格外夸张。毕竟，他根本没有遭人买卖之虞。然而，由于他并不只是抱怨自己的政治权力和影响力比其他英国人少，也为没有社会地位、被贬低而抱怨，因此，在那些并不像他一样对奴隶制抱有诚实的实事求是态度、但确实能领会他所使用的隐喻的力量的人那里，他对**奴隶**一词的使用才会起到良好的修辞效果。因为在奥蒂斯对议会的攻击中，有两个相当不同的组成部分。（第一个组成部分是）他想让美洲的英国人跟欧洲的英国人一样，在议会中同样被"实

---

① 这一恰当表述要归功于乔治·凯特布。

② Donald L. Robinson, *Slavery in the Structure of American Politics*, *1765—1820* (New York: Harcourt, Brace, Jovanovich, 1971), pp. 64—80.

质"地代表①，因为不然的话，他们的利益就无法得到恰当保护，他们会以让人无法接受的方式被课税和管制。这种意义上的代表（有人在议会中代表自己意味着拥有完整意义上的英帝国公民身份）是一种实现目的的手段，即以此来追求个人利益，它同时也是一种持续进行的政治活动形式。第二个组成部分是，能够在议会中发声意味着声望（prestige），是得到公共承认的表现。

奥蒂斯并不要求代表权平等，或者使选举权主体范围更加广泛；他对当时实行的高度不平等的英国代表体制似乎挺满意的。不过，他确实因为作为美洲人被完全排斥在外——像他那样的人如果身在英国就不会被排斥——而有受辱之感。这些英国人有代表，虽然他们可能无法亲自投票

---

① 后文还会多次提到"实质代表"（virtual representation），也有个别学者把这一概念译为"虚拟代表"，这两种译法都有充分的语义根据，从不同角度表达了同一个意思。实质代表与实在代表（actual representation，或译"真实代表"）相对。举例来说，由于议会席位的地区分配问题，英国有些新兴地区的民众无法自己选出议员来代表本地区利益，这意味着他们没有实在代表，但另一方面，他们的利益主张却能在议会中通过并非由自己选出的议员得到表达，因此存在一种实质性的代表。不实在却又实质，因此是虚拟的代表。在英美宪政史上，美洲殖民地曾诉诸"无代表不纳税"原则来反对英帝国的相关举措，而伦敦方面的回应便是这里所说的实质代表：美洲在英国议会虽然没有自己选出的议员，但美洲的利益实质上得到了代表。——译者注

选举这些代表，但这些代表是由他们的阶级或地区的成员选出来的。并且，他们最终有可能成为选民。而作为美洲人，奥蒂斯永远不可能发声，因此比不上其他英国人。

很快，革命时代那代人便拒绝了实质代表，转而支持本地更为大众化的选举体制，而当他们这么做时，上述两种论调又出现了。殖民地居民要有话语权并得到照应。如果殖民地居民必须服从议会，那他们必须确保议会制定的法律符合他们利益，并且是由理解他们且非常了解他们的人制定的。"在议会中，他们可能被误解、遭欺骗。"而在地方代表制度下，则"两个国家（countries）对彼此的利益（都会有）充分的了解"。① 在这一语境中，了解意味着对殖民地居民的政治地位和殖民地利益有细致的理解，且这种理解是带着欣赏肯定的。

虽然投票得满足财产条件，但在美洲殖民地，代表是实在而非实质的（virtual，虚拟的）。大部分白人男子都有选举权，而被代表意味着有人为自己说话，还意味着在那

---

① See Daniel Dulany, *Considerations on the Propriety of Imposing Taxes in the British Colonies for the Purpose of Raising a Revenue, by Act of Parliament* (1765), in Jensen, Tracts, pp. 95—107.

里有一席之地、得到聆听、被重视、有一种——正如一位黑人选民很多年后所说的——"算个人物"的感觉（a sense of "somebodyness"）。① 对于美国人来说，这些当然无法通过由欧洲人为自己作实质代表来实现。在文化和政治上，英国人与他们都太过隔阂，无法充分理解他们或为他们说话。无论如何，那时候他们已经以人之权利的名义拒斥了旧体制。他们不仅想被代表，还要成为选民。

事后来看，有一点似乎很清楚，即从和英国发生冲突起，美国的领袖们就含蓄地承诺了成年白人男性普遍拥有选举权，但实现这一承诺花了超过半个世纪时间，因为从一开始，权利平等就有自己的敌人。在对普选权的争论中，被提及次数最多的名字就是杰斐逊，这并不令人奇怪，因为独立宣言是民主改革的最佳论据②。事实上，杰斐逊就是在美国政治的第二个民主化时期，亦即所谓的杰克逊时代，成为"蒙蒂塞罗圣人"③的。不过，州制宪会议④——召开

44

---

① Steven F. Lawson, *Black Ballots: Voting Rights in the South, 1944—1969*（New York: Columbia University Press, 1976）, p. 286.

② 杰斐逊是独立宣言的起草者。——译者注

③ 蒙蒂塞罗是杰斐逊的庄园所在地。——译者注

④ 关于州制宪会议，参见美国宪法第 5 条。这里指的是杰克逊时代围绕普选权问题召开的一系列州制宪会议。——译者注

这些会议是为了应对政治民主化要求——上表述的观念其实要比美利坚共和国古老得多。和美国政治思想中的许多其他组成部分一样，这些观念的根源也可追溯到英国清教时代，尤其是 1647 年的普特尼辩论（Putney Debates），在这场辩论中，与克伦威尔和他的女婿亨利·艾尔顿（Henry Ireton）对峙的是他们军队中持激进立场的军官。①

"我们判定，"其中一位军官说，"所有并未丧失其与生俱来之权利的居民，都应该在选举中拥有平等的发言权。"此外，他们"（确实）认为严格来说，英国最穷困的人完全不受政府约束，这些人说话毫无分量，因此不算是政府治下之人。"他们"将会欣然了解到我们为之抗争的是什么"，因为奴役英国人民的法律依然在施行，"他们竟被那些自己对之毫无发言权的法律所束缚"。他们不仅感觉自己被排斥，还有遭受背叛之感。一位军官大喊道："我惊讶于我们都被深深欺骗了。如果我们对王国没有权利，我们就只是雇佣兵。"他们确实相信新秩序的承诺："这里所有人，无分尊卑，都认为我们在为某种东西而战。"

---

① "The Putney Debates," in *Divine Right and Democracy*, ed. David Wootton (Harmondsworth, England: Penguin, 1986), pp. 285—317.

为了反对这些关于公民"与生俱来之权利"的主张，艾尔顿提出了一项强有力的论证，来捍卫财产权的首要性，支持将选举权（franchise）限制在拥有永久产权者的范围内。只有他们"在这个王国中拥有永久稳固的利益。"并且，如果你"允许只要是个人（就有选举权）……这将摧毁财产。"确实，如果可以仅仅以随便哪个人的与生俱来的权利为名义来挑战法律，那还会有什么法律呢？尤其是地产，这是根本所在。拥有土地的人拥有英国，并且毫无疑问，他们在英国确实占有股份（have a stake in it）。①艾尔顿的论据确实很重要，但那些军人的呼声也绝非无关紧要，尤其是他们对这种侮辱的拒斥：他们是雇佣兵，而非为正义事业奋战的公民–军人。

　　这些争论一直都非常重要，对美国政治思想来说尤其如此，更不要说它们本就很让人感兴趣。这些军人不仅主张选举是与生俱来的权利，他们还宣称，选举是公民–军人最根本、最具特色的政治行动。公民身份和选举已经变得

---

① 这句话翻译得平直突兀，但似乎比颇为含糊的"在英国有重大利益关系"更准确，因为这里表达的是一种将国家理解为股份公司的思路，后文中对这种思路会有更直接的论述。——译者注

无法割裂。后来的美国公民就是在这些交锋进行的过程中诞生的。这还不是事情的全部。在美国，上述观点的反对者也一样重要。只要美国又有一个群体要求选举权，这些反对者的所有论证就会被一而再，再而三地重复。这就好像艾尔顿赋予了一切普选权反对者的论证以永久不变的结构，确立了那些认为普选权是对财产的威胁、对在自己的国家没有股份的人怀有恐惧的人的基本论调。

内战之后，使人无法获得选举权的不再是财产资格，而是种族和性别，结果是，白人男性——也只有他们——可以在选举中投票。像他们那些被授予选举权的先辈一样，他们如今也不想让别人获得公民身份。被不属于他们圈子的人（social outsider）掠夺和取代的恐惧也开始纠缠他们。这种焦虑既不会因为道德谴责而受到触动，也无法被有经验根据的可靠论证改变。它能为自己提供养分。直到最近，亦即在成人普选权的最后一道屏障移除后，这一整套论证才被弃置不用、几乎被人遗忘。

美国人很容易就被克伦威尔军队中反叛军人的意识形态吸引了，这一定程度上是因为，他们的处境非常相似。在 1780 年，也就是许多老兵徒劳地宣称"我们曾为选举权而战，现在我们要行使这一权利"之时，只有佛蒙特州推行成年男性普选权。[①] 杰克逊激进主义从参加过1812年战争[②] 的老兵那里获得了强有力的支持。在这场战争结束之后，很快就出现了废除选举权的财产条件和根据人口数量平等代表的呼声，虽然要到几十年后，在州制宪会议面对大众势不可挡的改革呼声无法再拖延之时，这一要求才获得实现。

47

　　民主改革的大众基础，新开发的西部各州都赋予成年男性选举权且没有带来不良后果这一事实，以及杰斐逊的遗产，由于这些因素的存在，杰克逊时代的美国和后拿破仑时代的欧洲乃至正在准备推行改革法案[③] 的英国之间出现了巨大的差异。但新旧大陆之间最大的不同是美国实行奴隶制。美国的奴隶制形塑了这一政治词汇（即 slavery），使之不同于欧洲的相关说法。几个世纪以来，英国激进分子有时会抱怨"被奴役"了，但他们面临的真正问题是阶级，而非种族和奴隶制。他们的呼声凝结为了雷恩巴勒上

---

① 　Williamson, *American Suffrage*, p. 133.
② 　又称"第二次独立战争"，是发生在美英之间的一次战争。——译者注
③ 　指的是英国在1832年通过的关于扩大下议院选民基础的法案。——译者注

校（Colonel Rainsborough）① 的不朽名言："与最显赫的人一样，在英国，最穷困的人也有生活要过。"② 但在美国的每一个州，像阴影般缠绕着每一场辩论的是奴隶制而非只是贫穷，甚至在那些并不实行奴隶制的州也是如此。因此在马萨诸塞州，支持废除选举财产条件的演讲者上来会先指出，拥有选举权带来的结果并不重要，但人们"热切地渴望"拥有它，因为如果没有选举权，"没有财产的人就陷入了和弗吉尼亚州的奴隶一样的处境；应该帮助他们摆脱这种受辱的感受"。③ 这是一个强有力的论证。

不过，若想充分领会奴隶制在多大程度上主导了此类争论，我们必须回顾下 1829—1830 年的弗吉尼亚制宪会议。像他们的英国先祖一样，改革者雄辩地指出，他们为自己的国家战斗过。"尽管在和平年代，无地公民蒙受屈辱被赶出投票站，但至少在战时，政府还是慷慨地召集他们去战场。

48

---

① 即 Thomas Rainsborough，1610—1648 年，参与英国内战，在普特尼辩论中作了重要发言。——译者注

② Wootton, ed., *Divine Right and Democracy*, p. 286.

③ Merrill D. Peterson, ed., *Democracy, Liberty, and Property*: *The State Constitutional Conventions of the 1820's* (Indianapolis: Bobbs-Merrill, 1966), p. 61.

他们没有拒绝召唤，在保卫国家时洒下的热血也不比别人少。"① 不过，甚至连公民-军人的这一请愿也受到了奴隶制的深刻影响。正如另一个改革家在提醒他的弗吉尼亚同胞时所言："蓄奴州正在快速走向危机……这样一个将会需要每一个自由人的时代——这个时代每个人都必须站到他的岗位之上……我们别给任何人退回去的理由，或者拒绝他们为自己国家的事业尽一份力。"② 大约在内战爆发的 30 年前，奴隶制亟需良好的军队和法律来保卫。

不过在弗吉尼亚，没有选举权的西部人最常见也最真切的呼吁是，没有选举权他们就是奴隶。拥有奴隶的少数东部人所占人口比例将会越来越小，而他们占比越少，他们对占人口大多数、几乎没有奴隶的西部人的统治就会越专横。他们"指望我们永远处于奴役状态"，西部人抱怨道。最终，外州的奴隶种植园买家将会看到下述前景：他们将会看到"连同他们主人的土地一起，上百个可怜虫等着被卖，这些奴隶或是孤独一人，或是携家带口"，如果他

---

① Merrill D. Peterson, ed., *Democracy, Liberty, and Property*: *The State Constitutional Conventions of the 1820's* (Indianapolis: Bobbs-Merrill, 1966), p. 383.

② Ibid., pp. 408—409.

49 们把种植园整个买下来，"他们马上就会变成这片自由土地的主权者，而如今的所有者将会变成他们的奴隶……你们的信条使我变成奴隶。只要你们在政治上支配着我，我就是个奴隶。"此人显然清楚地知道奴役究竟意味着什么。对他来说，这不是一个隐喻；这是对其地位的根本威胁，而他为此恐惧。① 某个纽约人可能会买下他！

对这些人来说，选举权非常重要，因为正如他们一再强调的，有选举权意味着他们是公民，和女人及奴隶不同。他们作为自由男性的身份岌岌可危。反对他们的人通过提醒他们下面这点来嘲笑他们：如果选举权是一种自然权利，那么女人和黑人也应该参加选举。女人跟男人一样好，甚至比男人还优秀，黑人虽然确实低劣，但本性上还是人。并且，这些人加在一起构成了人口中的大多数。对于白人男性而言，这些论证当然极具威胁，而对这些论证的回应我们都猜得到：自然把女人造得如此柔弱，目的是让男性来保护她们，而黑人如此不健全，因此让他们处于被奴役

---

① Merrill D. Peterson, ed., *Democracy, Liberty, and Property*: *The State Constitutional Conventions of the 1820's* (Indianapolis: Bobbs-Merrill, 1966), pp. 335—336.

状态是正确的。这些造物**无法**拥有公民地位，这一点使白人男性重视公民地位，因为它将白人男性和被贬低的大部分低劣者区分了开来。

由于抱着这种观点，成为选举人成了一切没有选举权的弗吉尼亚人的追求，其中一些人还变得雄辩滔滔。他们主张，选举权不应在"它那被限定的技术意义上"理解，"仅理解为选举公职人员的权利……在一种更为宽广的意义上，它是人们彰显自己成为政府参与者、社会契约立约成员之意愿的权利。"简言之，让人成为公民的就是选举权。"选举权"，这位演讲人继续说道，"是基础，是最为重要的权利"，其他所有权利，包括生命、自由、财产和追求幸福的权利，都依赖于它。①

成年男性普选权的反对者丝毫没有贬低它重要的社会意义。相反，他们认为它太过重要，因此不能和没有财产、在自己国家没有股份的人分享这种权利。纽约大法官肯特（Chancellor Kent）再清楚不过地表达了这种恐惧："推行普

50

---

① Merrill D. Peterson, ed., *Democracy, Liberty, and Property*: *The State Constitutional Conventions of the 1820's*（Indianapolis: Bobbs-Merrill, 1966）, pp. 399—400.

选权这一趋势将会危害财产权和自由原则……穷人往往想要得到、希望分享富人的战利品（plunder）……野心勃勃且缺德的人常常想要点燃这堆易燃材料。每一个整天奔波劳作或空闲时间在民兵组织效力的人都有资格获得平等参与政府一切权力运作的权利……这一观念没有正义基础……社会作为联合体不仅致力于保护生命，也要保护财产，只为共同资财（common stock）贡献一分钱的人不应该……和那些贡献1000元的人享有相同的权力和影响力。"[1]

　　保守派提出了几项论据。在保守派看来，选举不属于美国公民的特权和受保护之权；它是由州法律从公共政策考量出发特殊授予的。并且，它只授予财产所有者，由于拥有财产，他们自然而然就会变得审慎且正直。最后，保守派认为美国是一家合股公司，而非一个公民联合体，在这家公司里，每个合伙人都根据自己的投资比例获得了收益。

　　事实证明，驳斥这些恐惧并不非常困难。在已经实行成年男子普选权的各州，财产并未受到威胁。并且，财产

---

① Merrill D. Peterson, ed., *Democracy, Liberty, and Property: The State Constitutional Conventions of the 1820's* (Indianapolis: Bobbs-Merrill, 1966), pp. 194—196.

并不必然伴随着美德；相反，根据传统的共和主义意识形态，财富会腐化人。如果想要塑造正直的公民，那就应该支持公共教育，在学校中开展真正的公民品质教育，而非使穷人沦落到半奴役状态。共和国不是商业公司，而是一个人们通过契约联结起来的联合体，公民们有资格获得平等的权利。

这些论据占据了上风，但也只是在一定程度上被接受了。因为尽管获得胜利的民主派拒绝承认财富是美德的迹象，但他们立即把财富替换成了种族。纽约的公民-军人抱怨黑人没在民兵组织效劳过，因此没资格获得选举权。有人提醒他们，这不是黑人的过错，错在民兵组织，但这种提醒最终证明是徒劳的。刚刚投票支持男性普选权的激进主义者立刻费尽心机剥夺本州大部分有权投票的自由黑人的选举权。他们的论据就是种族主义。它污蔑所有黑人本就缺乏美德，尽管——正如这一举措的保守派反对者所指 52 出的——他们公开宣布最糟糕的白人无赖也有资格投票。正是在这一年——1821 年——民主政制下牢固的种族主义政治习性被确立了下来，这些习性如今依然缠绕着我们。

不过，尽管许多杰克逊民主党人①并没有忠实对待自己公开宣告过的平等主义原则，但在内战结束、美国转型之后，他们的论据到了美国黑人手上也非常好用。自由民将选举权视为社会地位的标志，在这一点上，他们甚至可能比自己的前辈更甚。毕竟，这是他们遭人支配的岁月走向终结、自己终于成为公民的至关重要的公开标志。事实上在美国，之前沦为奴隶的人的意识形态和追求恰恰是主流，这一点不同寻常。他们想要的就是像其他每一个人那样成为公民，而这意味着拥有选票。

想要领会黑人在这一问题上抱有多么强烈的感情，我们只需听下弗雷德里克·道格拉斯（Frederick Douglass）②的说法："唯有当黑人拥有选票，奴隶制才算废除。"③此

---

① 1825年，美国民主共和党分裂，其中一派由约翰·昆西·亚当斯领导，自称国家共和党；另一派由安德鲁·杰克逊领导，并于1828年创建民主党。1825至1854年一般被称为杰克逊时代，主导性意识形态是杰克逊民主思想。后来因奴隶制问题，在布坎南总统继任者的选择上，党派内部出现严重分歧，民主党陷入分裂。——译者注

② 1818—1895年，黑人，美国社会改革家、废奴主义者、演说家、作家、政治家，最初是个奴隶，后来逃离主人、获得自由。他还是女性权利的捍卫者，在1848年参加了第一个女性权利会议（Seneca Falls Convention），并且是会上唯一的非洲裔美国人。——译者注

③ *The Life and Writings of Frederick Douglass*, vol. 4, ed. Philip S. Foner (New York: International Publishers, 1955), p. 167.

外，黑人在内战中出过力，如今可以宣称自己是真正的公民-军人了。道格拉斯指出，"否认任何阶级的人有权投票都是危险的。而黑人在镇压叛乱过程中所提供的帮助——他们参加了战斗、在遇到联邦军人时协助了他们——使他们配得上选举权。黑人应该获得选举权，因为可能还会有需要他们效力的时候。"① "如果他们有足够的认识去肩扛毛瑟枪，为国旗、为政府而战，那他们也有足够的认识来投票。"最后，"难道我们要在战时成为公民，在承平年代沦为外人吗？"② 这句话和普特尼辩论中艾尔顿遭遇的怒吼别53无二致："难道我们是雇佣兵吗？"此时此刻恰如彼时彼刻，公民-军人是具有民主意识的。他们不再是富有德性的军事英雄，而是选民，是拥有权利而非拥有什么卓异社会品格的人。并非只有道格拉斯持这种观点。一位共和党参议员坚称，"在军中效力的合理结果就是，黑人从此以后在我们中间拥有新的地位（status）。"③

对北部共和党人来说，这似乎就是个平等问题。据一

---

① *The Life and Writings of Frederick Douglass*, vol. 4, ed. Philip S. Foner (New York: International Publishers, 1955), p. 27.

② Ibid., pp. 162—163.

③ Eric Foner, *Reconstruction* (New York: Harper and Row, 1988), pp. 8—9.

位参议员说，"注意不让任何一个曾拥护这面旗帜的人生活在侮辱过它的人脚下"是他们的义务。当然，共和党人对第十五修正案的支持也掺杂着党派利益，因为他们希望在选举中得到北方黑人的支持。①

尽管存在这种期待，但黑人公民-军人并未真正获得平等身份，在第二次世界大战中，他们不得不再次提醒美国白人，他们听从了道格拉斯的号召："有色人种——参军去！"他们为了四大自由②到国外与法西斯交战，如今这些老兵回到国内，还是提出了同样的要求。③有必要歌颂他们对公民-军人理想的信念，在经历这么多年的失望之后，他们竟再次提出了这一要求。他们想要的是自己在共和国中正当的公共地位，而非只是因为他们在可怕的战争中浴血奋战而被感激。

---

① William Gillette, *The Right to Vote: Politics and Passage of the Fifteenth Amendment* (Baltimore: Johns Hopkins University Press, 1965), p. 40.

② "四大自由"指罗斯福在 1941 年 1 月 6 日国会演讲中提出的言论和表达自由、信仰自由、免于匮乏的自由和免于恐惧的自由。——译者注

③ See Rayford W. Logan, ed., *What the Negro Wants* (Chapel Hill: University of North Carolina Press, 1944), generally and especially the essays of Charles H. Wesley and Mary McLeod Bethune. Lawson, Black Ballots, p. 65.

道格拉斯和共和党激进派对选票的期待还不只是它能给人以地位。道格拉斯反对根据受教育水平给自由民或任何其他公民设置条件，因为投票本身就会对那些新近获得选举权的人产生道德影响；这是他们通向成熟的道路。"教育很重要，但成人（manhood）更重要。后者是本质，前者是偶性。人并非教育的一种属性，相反，教育是人的一种属性……从黑人手中拿走选票就等于剥夺他受教育的手段和动力。"① 在那篇著名的文章《黑人想要什么》中，他概述了支持黑人获得选举权的所有论据，以及作为一种社会提升工具的选举权对自由民的首要意义："没有（选举权），则他的自由就是一个笑话；没有选举权，你可能还是会因为他的处境而几乎无法摆脱奴隶制这一旧名；因为事实上，他即便不是某个个体性主人的奴隶，也是社会的奴隶，他在特权而非权利的意义上拥有自由。他的处境有赖于大众（the mob）的恩惠，他没有办法保护自己。"②

　　在这一段落，道格拉斯把选举权理解为一种自保工具、

54

---

① Foner, ed., *Life and Writing of Frederick Douglass*, p. 509.（这里用了一些形而上学术语，基本意思是教育为人服务，而非反之，不能舍本逐末。——译者注）

② Ibid., p. 158.

政治上能动自主的一种形式，它将使黑人有能力掌控自己的命运，促进自己的利益。根据这种常见观点，"选票是一种工具；它的真实价值取决于它的功用"。[1] 甚至连温德尔·菲利普斯（Wendell Phillips）这位老牌废奴主义者也认为"选票在手的人能够掌控事态……选票意味着机会、教育、公平竞争、获得公职的权利以及施展拳脚的空间。"黑人如今能够照管自身利益了。[2]

事实证明，把投票视为一种有效的政治行动是不切实际的。这其实是一个非常危险的假定。像参议员理查德·耶茨（Richard Yates）那样的废奴主义者由衷地相信"选票会解决黑人问题；它将搞定一切事情……选票就是自由民的摩西。"[3] 在（帮助黑人）赢得选举权后，他和其他许多厌倦了战争的废奴主义者就可以忘掉黑人了，因为有选票在手，黑人如今可以自己照顾自己了。授予黑人选举权可能确实影响到了南部的每一寸社会肌理，但这种情形并没持续多久。选举权无法保护南部黑人免受荒唐

---

[1] Gillette, *The Right to Vote*, p. 162. James M. McPherson, *The Struggle for Equality*（Princeton, N.J.: Princeton University Press, 1964）, p. 240.

[2] Gillette, *The Right to Vote*, pp. 87—88.

[3] Foner, *Reconstruction*, pp. 278—279.

的登记要求、读写测试、人头税（poll taxes）①、祖父条款
（grandfather clauses）②、白人预选（white primary）③以及其
他各种多到他们无法抵挡的花招的阻挠。

　　1965年的选举权法案以及一个又一个法院判决最终消
除了行使选举权、得到代表过程中遭遇的这些阻碍，此后，
相关讨论被限定在落实被承认的各种权利以及克服阻碍等
方面。甚至连选举权作为"能保护其他基本公民权利和政
治权利"的基本权利这一古老的观念也带有公认的模糊性。
在现实中，这一权利并不是因为它能直接保障独自行动的
个体选举人的利益或其他权利而成为根本权利的；只有当
人们作为群体成员投票时，选举权才能保障这些利益或权
利。因为即便黑人一获得投票的自由，他们享受的公共服
务就确实得到了改善，这些服务也是集体性而非个人性收
获。许诺更多愿景必定会使新近获得选举权的人失望，使
投票行为显得比它实际所是的更为徒劳、更让人沮丧。新

56

---

① 也有译为投票税的，在美国曾作为限制南方黑人投票权的工具，同时，
　祖父条款则被用来保障贫困白人的投票权。——译者注
② 祖父条款的要点是，旧规则依然适用于某些既有情形，新规则适用于新
　情况。——译者注
③ 19世纪末开始盛行于美国南部州的预选方式，只允许白人选民参加。——
　译者注

近获得选举权者的社会环境和日常生活，不会因为投票而迅速改变。投票是必需的第一步，但光有选举权还不够；还得有其他形式的社会行动和政治行动来提升和保护普通公民的利益和权利。[1] 想要获得选举权的最深层欲念源自这种认识：选举权是美国民主公民身份的独有特征、识别标志，而非达成其他目的的手段。杜波伊斯（W. E. B. Du Bois）[2] 这句话已经说得足够清楚了："对于现代社会的成年人而言，选举权是必不可少的。"[3] 许诺比这更大的愿景最终必定是幻想破灭；宣称连这点愿景都实现不了则是陷入了不必要的犬儒心态。

"我们想要（选举权）"，道格拉斯写道："这首先是因为它是我们的**权利**。无论哪个阶级的人，如果他对任何剥夺自身权利之举都没什么意见，那他必然羞辱了自己的本性。其次，选举权是教育我们种族的手段，因此我们想要得到它。人就是这样一种造物，他们对自己可能做到的

① Sidney Verba and Norman H. Nie, *Participation in America*（New York：Harper and Row，1972），pp. 106—114，341—342.
② 1868—1963 年，美国著名黑人知识分子，泛非运动创始人，美国有色人种协会的创建者之一。——译者注
③ Quoted in Lawson, *Black Ballots*, pp. 16—17.

事情所抱有的确信，很大程度上来自于别人对他们的评估。如果对一个民族不抱期待，那么这个民族将会发现，要使这种预期落空是很困难的。通过剥夺我们的选举权，你们宣告了我们没有能力对公共举措作出明智的判断。"在君主制国家，如果某人和其他人一样，都没有选举权，那也不是什么问题，但在一个政府以普选权理念为基础建立起来的国家，"将我们排除出去就是让我们成为例外，给我们打上低劣者的耻辱烙印"。①这可真是对地位意义上的公民身份所作的最清晰表述了。这没什么可惊讶的，因为对奴役的恐惧一直是公民身份观念的核心。还有谁能比一位曾是奴隶的美国人更好地表达这一点呢？

57

　　如果说对黑人选举者而言，第十五修正案做得还不够，那么对于女性来说，它就等于什么都没做。由此而来的就是强烈的怨恨。女性的选举权运动直接源于废奴主义，但当没有选举权的女性看到黑人男性获得这一她们依然没能得到的权利时，她们内心深处的种族主义便立即爆发了出来，而当她们开始寻求南部女性的支持时，事情就变得更

---

① Foner, ed., *Life and Writings of Frederick Douglass*, pp. 159—160.

为糟糕了。女性选举权运动史上这一令人不快的章节与我所讲的故事格外相关，因为它照亮了地位意义上的公民身份更为黑暗的一面。女性完全有理由觉得自己遭受了背叛，她们的愤怒非常合理，但她们也分享了所在阶级、所处时代的偏见，并根据流行的标准来评判自己的价值。根据这些标准，她们比许多拥有选举权的男性更优秀，而没能获得选举权则是对她们社会地位的一种侮辱。

总的来说，社会地位谈不上什么平等。没有什么比社会尊重和声望的分配更不平等的了。只有被理解为自然权利的公民身份才担负这一承诺：在民主政制下，政治地位平等。不过，正如过去那些支持设置财产条件的人所做的，总是有可能以优越地位而非平等地位作为获得公民身份的根据。要求获得选举权的女性发现，将选举视为一种仅供受过教育、令人尊重的人——比如她们自己这种中产阶级——享有的特权，可能更有利于她们（追求选举权）的事业。她们的支持者道格拉斯指出，相比于这些女性享有的诸多有利条件，自由民有更多的需求要满足，但指明这一点是徒劳的。套用德雷德·斯科特案判决中的著名表述，他们并不理解这两类人之间的差别：一类人可以行使除选举权之外的合法公民身份所包含的一切特权，一类人没有任何白人需要去尊重的权利。

温德尔·菲利普斯说，"特定时代要处理特定的问题。如今亟需解决的是黑人问题"。在他说出这句话后，参加妇女争取选举权运动的人抛弃了他。① 她们认为自己在地位上高于黑人男性，并根据这种认识采取了行动。这一步走得颇为短视。1875 年，法院告诉她们选举不是权利，用不着给她们选举权，因为她们已经拥有一切公民权利了——鉴于在将自己与自由民以及新移民作对比时，她们时常把选举说成是一种特权，此时面对法院的说法，她们也就不应感到惊讶了。②

和历史上为了获得选举权而进行的诸多抗争一样，对于女性选举权运动来说，地位也是关键所在，但这最后一场为了依法获得选举权而进行的运动也有许多相当新颖的特征。一方面，在解放黑人奴隶宣言（Emancipation Proclamation）发布之后，奴役最终变成了一种修辞手段。但是政治不平等依然存在，在一个每位男性如今都有选举

59

---

① Ellen Carol Du Bois, *Feminism and Suffrage* (Ithaca, N.Y.: Cornell University Press, 1978), p. 59.

② *Minor v. Happersett*, 21 Wall. 162, 1874.

权的国家，在一个没有选举权就使人沦落到低于人之为人的标准的地方，政治不平等格外令女性感到屈辱和愤怒。她们自然不是奴隶，但她们在政治上被贬低了。正如伊丽莎白·凯迪·斯坦顿（Elizabeth Cady Stanton）①所言，"否认政治平等意味着剥夺被排斥者的自尊，剥夺其在市场上的信誉，在世上的回报，不让她们在（选择）制定和实施法律的人时发出声音，不许她们选择审判她们的陪审团、决定她们将遭受何种惩罚的法官。"②无法发出声音就等于在政治上不存在、不可见、没有地位。

不过，有些论据女性确实没法用。她们不曾是也不愿像她们如今可以选择的那样，成为军人-公民（soldier-citizens）。作为替代性论据，她们确实强调自己为北方的战争事务作出了贡献，③但这一替代性论据并不完全让人满意。至于"女性是共和国英雄之母"这一古老的主张，则在理论

---

① 1815—1902 年，美国女权主义运动领袖之一。——译者注

② Quoted in Aileen S. Kraditor, *The Ideas of the Women's Suffrage Movement, 1890—1920* (New York: Anchor Books, 1971), pp. 40—41.

③ Elizabeth Cady Stanton, "Women as Patriots," in *Reminiscences*, ed. Theodore Stanton and Harriot Stanton Black (New York: Harper and Brothers, 1922), pp. 193—203.

和实践上都把女性局限在了家庭之中。① 对激进女性来说，这一说法派不上什么用场，它也没有重新流行起来。对女性而言，长期以来作为保守派主要论据的美德论据事实上格外成问题。如果她们在没有选举权的情况下也很优越，那何必再给她们选举权？然而，女性确实使用了一种美德论据。60斯坦顿和苏珊·安东尼（Susan Anthony）② 都争辩道，既然非洲人、爱尔兰人和其他低劣的外来男性都有了选举权，"拥有财富、受过教育、富于美德和教养的女性"为何不能有呢？③

女性依然援引自然权利和独立宣言，但在 19 世纪下半叶，此类启蒙运动的余绪一般并不怎么受欢迎。社会达尔文主义、健康和卫生导向的改革以及社会福音运动（the Social Gospel）④ 都是带有突出的非民主色彩的进步之路，

---

① Linda K. Kerber, *Women of the Republic*: *Intellect and Ideology in Revolutionary America* (Chapel Hill: University of North Carolina Press, 1980), pp. 283—288.

② 1820—1906 年，活动家，在 19 世纪美国废奴运动与妇女选举权运动中发挥了重要作用。——译者注

③ Du Bois, *Feminism and Suffrage*, p. 178.

④ 一场基于新教背景的、致力于用基督教伦理来处理社会问题尤其是社会正义问题的运动。——译者注

女性运动也汇入了这一思想主流。自由主义也发生了改变，其关注点从公民自由转变为了自我发展和个体人格培育。对于关注选举权的女性来说，选举渐渐沦为实现此类带有极端个人色彩的目的的踏脚石。即便对于那些更为激进、在经济上更加精明的女权主义者而言，"无代表不纳税"这一呼吁依然很重要，它也变得不如这个更具个人色彩的要求——能够被承认为是独一无二的个体，可以在公私领域有效地表达自我——重要了。当然，这种意识形态也反映了这些女性在家庭内部的处境，以及萦绕于其周围的令人压抑的谬论。真正讽刺的是，由于女性已经完全接受了当时当地的支配性意见，她们最终的胜利完全没有带来任何显著的政治变革。当女性最终走向投票站时，事实证明这是我们选举史上最不符合期待的事件。女性想要的是公民地位，但她们既不算先赋性社会群体（ascriptive social group）①，也不是一个独特的政治阶层。她们和自己家里的男性一样，

61

---

① 先赋性群体和自致群体相对，由拥有某种基于出生的、无法自己选择、自己去获得的身份的人构成，如女性、特定种族等就是典型的先赋性群体。施克莱在《不正义的多重面孔》中也将女性视为先赋性群体，但在此处，她可能认为女性身份在公民身份语境中并不要紧，她更关心的是种族身份。——译者注

不多也不少，就是足够好的公民。

与黑人不同，女性再没有被剥夺过选举权，但获得选举权并未给她们的社会生活带来显著改变。那些将选举权视为社会变革工具的选举权运动参与者完全不切实际。选举权也并没有给女性带来更多社会机遇。它的成就是消除了女性背负的格外深重的耻辱感。这一成就离不开民主政制的承诺和这种意识：她们——至少在一个方面——曾和奴隶一样陷入耻辱的境况，当时，奴隶的后代依然没有获得完全意义上的选举权，他们并未完全淡出人们的视线，或者说还没那么容易被人遗忘。最重要的是，对世袭区隔（hereditary distinctions）的否定——这一点正是美国政治信条的核心——使基于肤色或性别剥夺选举权的做法变得不可容忍。从一开始，人们就普遍认可美国将不会再搞贵族头衔和继承而来的政治特权。而种族与奴隶身份是祖传世袭的，女性也是生而为女性的。这些都是生来就有的印记，它们不可能永远束缚美国公民与生俱来的权利。

尽管在追求选举权的道路上，存在由形形色色的不正义和歧视设置的障碍，但人们最终还是赢得了选举权，不过平等公民身份的另一个标志——赚取生计来源的机会—— 62

则依然受制于种种障碍。伟大社会（The Great Society）①
在选举问题上高奏凯歌，但在贫困和失业问题上做得并不
成功。所有成年美国人如今都是本地区的选民、平等的投
票人，但他们的独立性存在差异，有太多的人什么都赚
不到。

---

① 林登·约翰逊总统提出的施政计划，主要目的是消除贫困和种族不正
义。——译者注

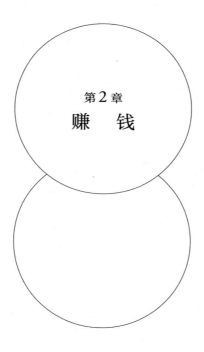

第 2 章

赚　钱

现代公民身份并不局限于政治活动和政治关切层面。尽管治理、选举、服役、交税都很重要，但相比构成黑格尔所说的"市民社会"的那些事务，它们的重要性还是略逊一筹。① 正是在市场上、在生产贸易中、在形形色色的职场里、在自愿结社的组织内，美国公民找到了自己的社会位置、地位、同伴的认可，或许还获得了某种自尊。② 我们所说的公共领域和私人领域的边界总是不断变动，而联结两者的市民社会也没有固定不变的轮廓。在美国，它一般被视为私人选择的领域，但交易的法律结构、法律意义和

---

① *The Philosophy of Right*, trans. T. M. Knox (Oxford: Oxford University Press, 1942), secs. 182—256.

② Robert E. Lane, "Government and Self Esteem", *Political Theory*, 10 (1982), 5—31.

法律性质具有公共属性，并且它们会对整个共和国产生影响。经济往来和经济权利最终服从于公共约束，许多自愿结社的组织——这一直是美国公共生活的特征——的活动也是如此。我们可以说祈祷或爱是私人性的，但很难说赚钱和花钱具有这种意义上的私人性。

事实上，作为个体的美国公民生活在两种紧密关联的公共秩序之中，一种是平等主义的，另一种则完全不平等。要完全成为得到承认的积极公民，就必须成为政治体的平等成员，成为选民，但他还必须拥有独立性，而一直以来，拥有独立性都意味着必须成为"赚取者"（earner）、获得酬劳的自由劳动者、因实际所做的工作而得到相应回报的人。他既不能是奴隶，也不能是贵族。

在由平等公民组成的共和国中，贵族和奴隶都是反常存在。前者名义上为美国宪法所禁止，宪法严禁贵族头衔和这种头衔所意味的一切事物。不过事实上，贵族式的志向和主张并未完全在市民社会中消失；许多富有的美国人依然向往欧洲式的区隔。但此类造作之举完全没有奴隶制影响大，后者在公私领域都是祸根，从一开始便扰乱了这个现代共和国的政治。在奴隶制被法律否定很久之后，其恶果依然影响着美国。独立的公民-赚取者（citizen-earner）的典范正是在由这样两种（与现代共和国）不相称之物（即贵族式矫揉造作和奴隶制）构成的语境中发展起来的，正是在这一背景中，致力于使自己成为典范性公民-赚取者的人才不得不主张他们自己的地位。在许多当代社会观察家看来，美国的工作伦理颇为古怪。但如果不将它看成是前工业时代手艺人阶级价值观的反映，而是理解为公民们在种族主义奴隶制和贵族式矫揉造作的夹缝中紧紧抓住的意识形态，那么这种工作伦理就非常容易理解了。它之所以一直延续下来，是因为它从一开始就致力于回应的政治环境并未消失。自己当老板——这是社会独立性的典范——的梦想同样经久不衰。

65

在杰克逊时代的美国构造出这套工作伦理的人并没有回避这些事实；相反，他们深刻意识到了这些事实以及他们所处社会的新颖性。他们是自觉的新人，出生在一个新成立且并不完美的共和国，他们也是这么说的。他们对自身处境的理解非常准确：他们身处无所事事的精英① 和无法

---

① 这里所说的"精英"不可理解为一般所说的精英。在当时的语境中，"精英"差不多是"贵族"的同义词。参见作者《平常的恶》（钱一栋译，上海人民出版社 2018 年版）第 3 章"次生的势利：民主政制中的不良政治做派"小节中的相关论述，特别是第 156 页。——译者注

获得报酬的奴隶之间，而这两种状况都是不可接受的。它之所以能够继续存在，是因为它依然很有说服力。这也提示我们，也许有一种未言明的工作权利深嵌在这一经久不衰的意识形态之中。

从一开始，新颖的美国公民便是现代而非古典的共和主义者。传统观点认为，共和邦国需要有富于美德、廓然大公的公民，这样才能维护自由。不过，1787年创建的现代共和国——它规模扩大了，且实现代议制——并非以美德为基础，而是建基于独立行动者以及对他们自身利益的自由追逐之上。在这方面，他们将会追随不受约束的宗教宗派主义模式（the pattern of unfettered religious sectarianism），走向所有人的总体利益。对这一公民身份观最著名的辩护要数麦迪逊在《联邦党人文集》中的相关论述，但很快就出现了更多此类辩护，在反联邦党人派的焦虑适时平息下去之后，这种公民身份观就变成了支配性观点。人们认为，代议制民主政制依赖于各种利益之间的流畅互动能自由地发挥出作用，而这些利益总体来说是派系利益、经济利益。无论怎么发挥想象，拥有利益、拥有受保护的追求利益的权利都不能被称为美德，但它确实意味着这些利益和权利的主体拥有一种得

66

到承认的公共地位。这种公民身份要求，公民的政治角色和民事（civil）角色都表现为独立的个人，亦即可以在看着合适的时候投票支持自己的代表和政治党派，或者不再继续支持，可以出卖自己的劳动而非出卖自身。奴隶没有利益，因为他没有公共地位和民事地位。政治上的垄断者（political monopolist）的主张也不可接受，因为这些人会主动威胁由彼此之间自由竞争的利益构成的整个政治秩序。

有些人和群体追逐利益，同时贯彻意在毁灭这样一个共和国的意识形态，这些人不能被承认为公民，虽然其公民身份常常无法被剥夺。从一开始，美国人就对图谋不轨的贵族阴谋集团以及拥护君主制的阴谋集团充满恐惧。没过多久，又多了对雅各宾派和其他欧洲革命意识形态的恐惧。在杰克逊时代，对新出现的垄断者贵族（aristocracy of monopolists），尤其是对掌管美国（第二）银行（the Bank of the United States）的那些人的忧惧急剧爆发。① 反美国银行运动和争取白人男性普选权的长期斗争激起了无数怨

---

① 杰克逊总统的竞选口号便是"要杰克逊，不要（美国第二）银行。"对美国第二银行的恐惧与对贵族、精英的恐惧紧密相关。此处所说的贵族不是一个正式的社会阶层，而是指美国那些反对民主、渴望成为贵族的上流阶层、富贵闲人。——译者注

恨，但它们也锻造出了一种长盛不衰的工作意识形态（an ideology of work）。

在杰克逊式民主信念主张提出来后，美国收获的不是一种平等主义精神气质，而是共和主义精神气质，它认为投入工作、赚取报酬的多数人的独立性不断受到威胁，造成威胁的是分别位于光谱两端的无所事事且人数很少的贵族，以及奴隶制。在这样一个共和国中，贵族和奴隶制都是反常存在，这个共和国以这一设定为基础：独立公民在共和经济体（republic economy）中活动，在其中，每个人都有平等的机会通过自己的努力获得成功，都可以在不带恐惧、无需他人恩赐的情况下赚取自己的衣食用度。作为民主政制下公民身份的伦理基础，这样一种经济独立、自主"赚钱"的观点取代了过时的公共美德观念，直到现在，它依然有强大的吸引力。只有能够"赚钱"，我们才是公民。

那种在 19 世纪的美国最流行的意识形态，被恰切地称为"同步发展主义"（parallelism），前面所说的那种众所周知的赚钱观点，最初便是得到了这种意识形态的支持。① 个

---

① Robert E. Wiebe, *The Opening of American Society* (New York: Vintage Books, 1985), pp. 264—290.

体公民可以期待通过辛勤工作提升自己的社会地位，因为他生活在一个民主社会，并且这个社会在不断进步；反过来，持续不断的社会进步也得到了保证，因为美国人辛勤工作，并且是有公共精神的民主派。他们创造出了公共财富，他们每个人都可以期待分享这些财富。没有人怀疑劳动价值理论，这一理论宣称，一切财富都是劳动创造出来的；每个公民都期待能因自己的工作成果获得回报。如果某个公民想要有所得，那他必须投入生产，生产越多越好，无论对他自己和他的家庭，还是对作为整体的共和国来说都是如此。

每一位于 19 世纪上半叶访问美国的游历者都注意到了由此而来的对工作的嗜好。此外还有对金钱的喜爱，正如最敏锐的游历者所观察到的，钱不仅意味着收获（gain），还意味着独立性、随自己意愿生活的自由。有钱就等于可以在不征求上位者许可的情况下，随自己的意愿花钱、省钱、给别人钱。金钱已经取代了荣誉在贵族社会中所占据的位置。① 托克维尔注意到，"平等不仅使工作变成光荣之事，

68

---

① Michel Chevalier, *Society, Manners, and Politics in the United States* (1839) (New York: Augustus M. Kelly, 1966), pp. 296—304. 我会参考这一著作而非托克维尔的名作，因为作为观察者，在许多方面，舍瓦利耶都表现得更专注于亲身经历、不好说教。

它还使专门以赚钱为目的的工作也变得光荣。"① 确实，独立性已经取代荣誉，成了社会追求的目标。这是一种非常根本的变革。生活在民主秩序中的独立公民如今不仅因为工作受人尊重，他们还拥有自我提升、接受教育和不受阻碍地获得自我发展机会的权利。这些权利部分是在兑现庄严载入独立宣言的平等承诺，部分是促进共和国的进步与繁荣这一义务必然导致的结果。对个体公民而言，这还意味着在生命中的任何特定时刻，他的社会身份是由他作为赚取者的行为决定的。在这样一个世界，人之所为定义了人之所是。

无论是宽泛意义上的劳动光荣观念，还是作为公民身份根本要素的劳动光荣观念，其所具有的彻头彻尾的新颖性，几乎怎么说都不为过。这一观念是启蒙运动对美国公共文化的诸多贡献之一，其在美国的流行程度是欧洲从未有过的。② 过去，人们几乎普遍相信体力工作会使人遭受玷污，

---

① Alexis de Tocqueville, *Democracy in America*, trans. George Lawrence (New York: Doubleday, 1969), vol. 11, bk. 2, chap. 18, p. 550. (在托克维尔书中，紧接着的一句话是，"贵族社会，确切说来遭鄙视的不是工作，而是以牟利为目的的工作。"——译者注)

② 我们只需看下《百科全书》(*Encyclopédie*) 中描绘工艺的插图以及戈雅 (Goya) 的画作，就会认识到启蒙运动时代赋予工作以荣光的渴望有多么强烈。

劳动者是不纯洁的。古典时代的哲学家无疑认为生产性、商贸性工作会败坏人、使人不适合成为公民。在奴隶制消失后，这类观点依然存在。在长达几个世纪的时间里，欧洲社会分为三个等级：祷告者、战斗者和劳动者。劳动者即被鄙视的农民，在时人眼中几乎与牲畜无异。圣经信仰也并不宽慰人心。作为对罪的惩罚，我们必须工作，圣保罗要求人们坚守天职、辛勤工作的训谕也没有减轻承受辛勤劳作的束缚这一义务所包含的痛苦感、拘束感和压迫感。

在所有这些导致人们将劳动视为可耻之事、看作一种诅咒的诱因中，生命力最顽强的是贵族式、知识分子式鄙视。对体力工作的返祖性鄙夷从未消失。在上个世纪，"做买卖"真的会被认为丢人现眼，即便在今天的英国，它也几乎不会得到赞誉。我们只需回想下，格蕾丝·凯利（Grace Kelly）的父亲无法在亨利河段划船，因为他年轻时用自己的双手工作过。① 而正如许多惊讶的游历者会注意到的，在美国，这类观点也并非毫无踪迹。在美国，确实一直都存在准贵族

① 格蕾丝·凯利（1929—1982），美国影视演员，父亲曾获奥运会划船金牌。亨利河段是泰晤士河的一部分，著名的牛津剑桥划船比赛最初便是在这里进行的。——译者注

式骄傲，这种骄傲多到足以让民主派惊诧。美国革命的儿女竟然成了异常势利之人，这多少有些荒唐可笑。

对继承而来的家族"名望"的钦慕植根于大部分关于"高贵血统"传承的原始信念之中，这种钦慕和对工作的鄙视一样经久不衰。没能撑过 18 世纪的只有国王的神圣权利以及他们代为行使的政治权威（vicarious political authority）。① 不过在政治哲学中，功利一度成了政府正当性的真正基础。重商主义国家——无论它们是新教还是天主教国家——的社会政策非常鼓励勤勉和工作，但这并不一定会影响他们的政治价值观。当然无可否认的是，在英国，经济学家不仅指责游手好闲的穷人，也批评无所事事的富人，说这些人是一种"常见的麻风病"，在把他们与辛勤工作的荷兰人作对比时尤其如此。②

在约翰·洛克的作品中，我们可以看到一种意义甚至更为重大的新颖性。在他教育年轻绅士——亦即将成长为统治阶层成员的男孩——的计划中，体力劳动和记账扮演着

---

① 这句话的意思是，17、18 世纪的革命虽然改造或推翻了君主制，但许多旧观念依然存在。"代为行使的权威"指君权神授。——译者注

② John Garraty, *Unemployment in History*（New York: Harper and Row, 1978）, pp. 38—42.

重要的角色。洛克指出，它们很有用，他的计划是理性的，且将会派上用场。① 此外，尽管在洛克看来，政府的正义权力源自被统治者的同意，但政府的目的是使自己对被统治者有用。这就是一开始他们决定创造政治秩序的原因。只有在美国，这些观点的意涵才完全被接受了，并且是有一个过程的。这种观点——没有什么比生产性工作更有用，因此，没有什么比它更好——非常激进，与承袭下来的观念充满矛盾，因此几乎从没有人真的能够完全接受它，甚至连那些热情宣扬此类观点的人也不例外。

在前革命时代的美国，有许多清教徒教诲人们要辛勤工作，但将工作的价值从它的宗教语境中剥离出来，并赋予它新的公民含义的其实是本杰明·富兰克林。由于马克斯·韦伯的误读，富兰克林被深深误解了。韦伯太过痴迷新教和工作伦理之间的联系，因此把其他所有关联都给忽视了，民主政制和个人独立性就属此列。华裔、爱尔兰裔、犹太裔美国人究竟为什么会那么拼命工作呢？不是因为他们是新教徒。韦伯在富兰克林身上只看到了一个世俗化的

---

① *Some Thoughts Concerning Education*, in *Works*（London：1823），vol. 9, secs. 202—212.

清教资本家，他"被赚钱和购置所支配，它们被当成是人生的终极目的"，"完全没有参杂任何享乐主义。"[1] 其实富兰克林是个很会享受生活的人，并且在40岁那年放下生意，把生活重心放到了其他事情上。他的工作观极为独特的地方在于，他认为只有工作能使人独立，"白手起家"的骄傲靠的就是工作，它是自身劳动的成果。

思考下他的临终遗嘱："我，费城的本杰明·富兰克林，出版商，刚刚卸任的美国驻法国宫廷全权公使，如今是宾夕法尼亚州州长（President of Pennsylvania）"[2]——字里行间满是骄傲，并且不只是为自己的成就骄傲——尽管这些成就非比寻常——也为凭借自我奋斗、通过做生意达成这些成就而骄傲，生意是他后来一切荣耀的基础。甚至在穷查理（Poor Richard）[3]的陈腐格言中，我们也能看到一种大胆无畏的精神。如果你想要自由，那就"自给自足"。"如

---

[1] Max Weber, *The Protestant Ethic and the Spirit of Capitalism*, trans. Talcott Parsons (London: Allen and Unwin, 1948), pp. 50—57.

[2] Esmond Wright, *Franklin of Philadelphia* (Cambridge, Mass.: Harvard University Press, 1986), p. 358.

[3] 富兰克林的作品《穷查理年鉴》（*Poor Richard's Almanack*）的虚构作者。——译者注

果你竟无法还债，那么你的债主有这样一种权威，他可以随自己意愿，剥夺你的自由：使你遭受终身监禁，或者将你卖为奴仆……在出借方面前，借方就是奴隶，在债权人面前，债务人就是奴隶，要蔑视锁链、保全你的自由、维护你的独立性。"如果你想做自己的主人，那就不要游手好闲。"变得勤勉且**自由**。"①

最后，这一工作观也具有公民性意义。一个人在为自己工作的同时也在为共同体工作。此外，学徒和出师工人把日常生活经验用到了公民性事务上，富兰克林把他们组织进了**政治团体**（juntos）网络之中。这些俱乐部是在讨论公共事务的过程中出现的，后来持续改善费城的一切公民事务：第一家可出借的图书馆、更为干净明亮的街道、志愿消防队，等等。扶轮社主义（rotarianism）是最具民主风范的非官方公民活动，而这是富兰克林的发明。但是，这些俱乐部之所以能长盛不衰，且还形成了自己的独特个性和重要性，正是因为生产性工作、自我提升和公共关切的相互作用，是因

---

① "Father Abraham's Speech," in *The Complete Poor Richard's Almanacks* (Boston: Imprint Society, 1970), vol. 2, p. 14.（"自由"原文为大写的 FREE，此处作了加粗处理。——译者注）

为生活的这些方面被整合进了一个半私人、半公共的领域之中。美国的市民社会就是由它们和工作场所构成的。

　　每一位杰克逊派青年都会把本杰明·富兰克林作为贵族的典型来批评，但在政治上，这位独立宣言的作者是他们反对"纸钞贵族"（paper aristocracy）斗争中的守护圣人（patron saint）。对激进的杰克逊派记者和从政者来说，贵族意味着什么呢？贵族不止意味着占有财富。用杰克逊总统的话来说，民主派所提出的贵族定义的本质就是，**任何群体**，通过运用自己的财富，"手握的影响力超过它在政治事务中拥有的正当份额"。财富本身并不会使人被指责为贵族，但通过政府照顾获得财富，或者用财富去购买政治权力和政治影响力就会受到这种指责。所有垄断者和许可证及特许证持有者都是贵族，因为他们的财富源自政府授予，而不是通过自己的努力赚来的。他们享有并非赚取而来的优势。这是不正当的，或者说是"财富与权力的人为不平等"，民主政府有义务阻止这种情况出现。不过杰克逊说，"天赋或财富的平等无法通过人类的制度创造出来"。① 在一

---

① Andrew Jackson, "A Political Testament," in *Social Theories of Jacksonian Democracy*, ed. Joseph L. Blau（Indianapolis: Bobbs-Merrill, 1954）, pp. 1—20.

个高度不平等的社会中，主张民主主义、平等主义的政府并不试图改变自然的经济秩序，但它不会容忍特权合法化，后者终归带有贵族头衔的意味。

按照杰克逊派的观点，欧洲封建制度起源于皇家赐予的土地以及政治垄断的分配。"那个皇家杂种"——汤姆·潘恩就是这么称呼征服者威廉（William the Conqueror）的——把土地分给了他手下的那伙恶棍。这也许不是最杰出的中世纪专家教给我们的史实，但它凝缩了这些共和国公民的一切恐惧。如何才能避免欧洲模式重现呢？如何才能消除这种粗野的封建历史的残余呢？甚至连爱默生也担心"我们的政府依然带有封建主义的成分"，因为"公众心里缺乏自尊。"他自然毫不迟疑地教诲他的同胞自立自足的价值。① 74

在真正的杰克逊激进主义者看来，防止此种封建瑕疵扩散开来的最好方法显然就是让政府尽可能小。公职越少，税收越少，政府从事的计划数目越小，它所能造成的伤害越小。最重要的是，更少的治理活动意味着更少的人为不平等，因为政府被剥夺了建立由无所事事的寄生虫构成的

① Ralph Waldo Emerson, "The Young American," in *Essays and Lectures* (New York: The Library of America, 1983), pp. 213—230.

贵族阶层的手段。不过，总统确实要扮演新的重要角色。只有他代表着所有人民；其他一切选举上来的官员都只为国家中的一部分人或某一党派说话。只有总统能够担当人民的保民官（tribune），保护他们免受有钱有势者以及贵族的欺压，劳动阶级总是面临被他们夺去"自己在政府中所拥有的公平合理的影响力"的危险。劳碌阶级的独立精神和权利正在被诡计多端且好逸恶劳的银行家逐渐侵蚀，而保护民主国家公民权利免受这种威胁的正是总统府。

　　贵族不只是政治垄断者，对共和国来说，他们在道德和文化上也是一个威胁。贵族无所事事且鄙视工作。单纯有钱无可非议，但"富贵闲人"不可容忍。促使人们在社会上形成巨大分化的并非穷与富，而是"做事情"和"无所事事"。不工作不仅本就不道德，它还传递了一种社会意识形态，亦即对劳动的鄙夷。杰克逊民主党人敏锐地意识到了认为工作会玷污人的那些传统。这就是为什么有如此多的人强调，"在提到'我们人民'时，我们的意思显然就是用自己双手劳动的阶级。"

　　据威廉·莱格特（William Leggett）说，美国的民主党由生产者组成，贵族则由富裕且骄傲的消费者构成。工作阶级占据人口大多数，他们的"唯一凭靠"便是权利平等。在他们和拥有"既得利益"、可以不劳而获的贵族之间，只有权利是平等的。[1] 在另一位杰克逊派记者、失意政客斯蒂芬·辛普森（Stephen Simpson）看来，独立宣言意味着"劳动既不会使美国公民丧失政治身份，也不会使其政治身份沾染污点。"在现实中，这一承诺并没有实现，因为只要美国依然存在封建偏见和奴隶制，工作便会遭人鄙视，贵族还是能把闲散作风和垄断性特权带到这个国家，而创建这个国家的目的本是消除这些现象。只有彻底改革过的教育才能消除"对工作的偏见"。[2]

在此，工作、民主政制和公共教育之间的关联被打造成了一种融贯的意识形态，这一意识形态的历史、政策和未来意识也熔铸其中。它也符合广大公众的风范与志向。　76
一位游历美国的欧洲访客写道："在认为工作高于一切、可以取代一切的人眼中，美国的生活很让人喜欢……这种生活习性独属于工作者……任何闲置无用、没有产出的东

[1]　William Leggett, "Democratic Editorials," in *Social Theories*, ed. Blau, pp. 66—88.

[2]　Stephen Simpson, "Political Economy and the Workers," in *Social Theories*, ed. Blau, pp. 137—162.

西都让人懊丧。只要工作你就会变富。"①用《克利夫兰社论》（the *Cleveland Leader*）上的话说，每个人都想着赚钱，看起来都确信"人如果游手好闲，那跟死了没两样。"②"变得有用"是这个由从事劳动的共和主义者构成的国家的主导性原则，但许多民主派并不确信他们那些富裕的同胞是否忠于这一精神气质。

杰克逊民主党人将工作的荣光看作是一种需要为之战斗的信仰，因为他们周围有很多公开鄙视诚实工作的美国人。他们（不仅鄙视诚实劳动）还不诚实，这些"穿着褶边衬衫、满脑子盘算的人因为精于讨价还价而财源滚滚……并且（变得像是）国王般的孤家寡人。"③这些闲人凑在一起不只是为了维护自己的垄断地位，还想把自己与人民区隔开来。他们"过着不劳而获的生活"，否认所有财富都出自生产者之手，并认为创造财富是可耻的。此外，美国的工作者开始有非常充分且明确的理由担心美国变成欧洲。新英格兰的第一批工厂工人很有理由陷入这种恐惧：

① Chevalier, *Society, Manners and Politics*, pp. 205—206, 282—288.

② Wiebe, *Opening of American Society*, p. 286.

③ John Ashford, *"Agrarians"* and *"Aristocrats"*（Cambridge: Cambridge University Press, 1987）, p. 91 and passim.

贵族们正在把洛厄尔（Lowell）① 变成另一个曼彻斯特。②

为了避免灾难性地陷入欧洲般的堕落，为了消除对普遍人为不平等的忧惧，不仅必须使政府整体上变得更小，还得有更多**免费**教育。民主党人并不为这一公共活动③担忧。教育完全被认为是公民的本分，其目标是使年轻人变得民主，阻遏贵族倾向。④

尽管对于塑造民主身份来说，教育很重要，但它无法取代人生赛跑中的个人奋斗。没有什么比白手起家之人这种理想人物更具民主色彩的了，所谓白手起家者，并非只能是通过艰苦工作致富的人，它的外延更为广泛，指的是拥有一种完美人类品格的楷模、人们所说的"年轻美国"的典范人物。这类为爱默生所喜爱的真正新颖的人物是年轻人，他在社会上没有固定的位置，没有继承之物，在生活中并不固守于单一角色，拒绝一切将他限制和束缚在特

---

① 马萨诸塞州城市，当时的纺织重镇。——译者注

② Herbert G. Gutman, *Work, Culture, and Society in Industrializing America* (New York: Vintage Books, 1977), p. 51.

③ 这里的"公共活动"即免费教育，"公共"的意思是由政府操办免费教育。民主派虽然不希望政府插手太多事务，但推广免费教育例外。——译者注

④ Ely Moore, "On Labor Unions," in *Social Theories*, ed. Blau, pp. 289—300.

定地方上、特定身份中的努力。他自立自足，因为他在社会上不受拘束，他的一切极大程度上都源于自我创造，并且他掌握许多技能。"谁能说得上来，你们当中可能有多少个富兰克林？"19世纪30年代的纽约机械协会主席问道。"你们有很多开放的机遇。这是一个白手起家者的国度，这样一个国家是无可比拟的。"① 但对真正的杰克逊理想主义者和民主激进分子来说，这个国家还远远不够开放。

此外，如果工作者想要得到由纯粹的劳动赋予他们的可敬地位，那他们得有自己的历史。这一历史将从这种认识起步：人的处境之所以好过动物，完全要归功于"机械技艺"(the mechanical arts)。使我们过上文明生活的不是财产，而是机械技艺。历史是由生产者而非消费者创造的，正如西部的显著发展是由许多勤劳的人造就的。确实出现了进步，尤其是在现代世界，但进步不应归功于著名的科学家，是技术工人带来了进步。作为"保存所有技艺的方法"，印刷术就是由一位技术工人发明的。水手的罗盘也是如此，而如果没有罗盘，美洲也不会被发现。后来又出现

---

① Wiebe, *Opening of American Society*, p. 165.

了蒸汽机，这也是技工的创造，蒸汽机的发明使技工的生活变得轻松多了。历史书也得强调下，有多少（美国）革命时代的杰出将领和政治家本是铁匠、装订工和从事其他行当的手工劳动者。

这样一部历史的要旨是让美国的年轻工作者意识到，他们在自己的国家、在现代世界中所扮演的真正角色，并让他们都能发挥这种作用。他们并不缺少机会，但他们确实需要对自己的价值有更好的认知，而一部人民的历史显然会激励他们。指出这些是很重要的：技术被看作是一切的起源，是重大历史成就，是美国工作者的最大希望。技术将会使工作者和其他所有人的生活变得更轻松，将会通过改进工作来提升工作的价值。在不抱怀旧情绪的人眼中，技术时代似乎充满可能。

原则上，杰克逊民主党人普遍反对奴隶制，然而他们非但不是真正的废奴主义者，还时常憎恶那些鼓动公众反对奴隶制的人，他们怀疑这些人会把人们的注意力从北部工人所遭受的屈辱处境中转移开。尽管他们有种族主义观点，但无论如何，他们还是非常清楚地看到了，相比任何其他制度，奴隶制才是令劳动受人鄙夷的最大原因。**奴役**这个词在工人

79

心中埋下了恐惧。"由于奴役状态束缚人、使人受辱、令人堕落，因此劳动也同样变得不光彩，因为劳动是奴隶生活的一部分。"只要奴隶制存在，辛苦劳作便会被认为是低贱之事。① 在很长一段时间里，奴隶制的反对者都自然而然地认为，南部种植园主是不适合共和体制的贵族。在反联邦党人中，理查德·亨利·李（Richard Henry Lee）曾把他们说成是放荡无度、无所事事的贵族，杰斐逊则哀叹他们性情专制，而每一位欧洲游历者也都对他们的封建习气作过评论。② 废奴主义者普遍认为种植园主是些凶残、挥霍成性、怠惰、娘娘腔且没受过什么教育的人，而这一切都是他们硬要让自己无所事事而造成的结果。他们也是奴隶制的受害者。③

在北方，对奴隶制的恐惧永远无法被彻底驱散；它是一80 种始终存在的焦虑。当工资体制最初受到审视时，人们立即

① Stephen Simpson, in *Social Theories*, ed. Blau, pp. 142—146.

② "The Federal Farmer," in *The Complete Anti-Federalist*, ed. Herbert J. Storing (Chicago: University of Chicago Press, 1981), vol. 2, p. 236. *Notes on the State of Virginia*, in *The Portable Thomas Jefferson*, ed. Merrill D. Peterson (New York: Viking Press, 1975), pp. 214—215.

③ 这串形容词和其他更多内容出自最杰出的废奴主义小册子：Richard Hildreth, *Despotism in America* (New York: Augustus Kelley, 1970), pp. 142—168。

把工人的依附性比喻为奴隶的依附性。南方奴隶制的捍卫者也不给人带来宽慰。乔治·菲兹休（George Fitzhugh）的《都是吃人者》(*Cannibals All*)① 将南部的奴隶描述为奴隶主的资本投资，后者精心养育他们。因此，他们的命运远比北方"白人奴隶"要好，后者作为赚工资的人，面临着无人关心的贫困。不过，菲兹休在北方谈不上多流行，这并没什么可惊讶的。工人也许会抱怨自己是"工资奴役"的受害者，但下面这种提议对他们来说并没什么吸引力：如果变成**真正的**奴隶、作为一种资本形式，他们可能会过得更好一些。他们对自己不得不忍受的劳动环境提出了抗议，但这并不是在赞美奴隶制。奥里斯特斯·布朗森（Orestes Brownson）② 赞扬南方人很诚实，他们并不否认奴隶是奴隶，还把贵族统治视作上帝的恩赐。在写这些话时，布朗森的言谈对象并非北方的工人，而是南方的绅士。③

---

① 乔治·菲兹休（1806—1881），美国社会理论家，支持奴隶制，认为奴隶制为黑人提供了经济保护，并使他们变得道德。《都是吃人者》一书的全称是 *Cannibals All! or Slaves without Masters*，出版于1857年。——译者注
② 1803—1876年，新英格兰地区的知识分子、活动家、牧师、劳工组织者和作家。——译者注
③ Joseph Dorfman, *The Economic Mind in American Civilization, 1606—1865*（New York: Viking Press, 1946), pp. 666—667.

即便只有黑人遭受奴役，奴隶制本身也依旧是种威胁。种族主义根本不足以打消自由工人的疑虑，这就是为什么在 1858 年之前，许多人认为奴隶制扩散的真正问题在于，"劳动会变得丢人现眼吗？"① 从 1850 年起，使劳动变得光荣就一直是土地免费党（Free Soil party）和共和党的主要目标。没人怀疑劳动就是明确以赚钱为目的的工作，正是劳动使美国人变成机警且明慧的公民，与迟钝的欧洲无产者、奴隶不同。靠他人的无偿劳动为生，使工作的人形同牲畜，这是南方文化的祸根。它也被认为是一种无法容忍的不正义。林肯并不认为某个黑人女性方方面面与他平等，但"鉴于她拥有无须征得他人同意便能吃自己通过亲手劳作赚得的面包的自然权利，她就与我、与其他所有人平等。"②

林肯一直都是重要的见证者，他使人们相信早期那些赚工资的人真的害怕自己会被贬低到和奴隶一个层次。林肯最早对一群从事农业的听众讲过，他强烈反对劳动的"泥质底梁"理论（the "mud-sill" theory of labor），后来是

---

① Daniel Rodgers, *The Work Ethic in Industrial America*, *1850—1920* (Chicago: University of Chicago Press, 1978), pp. 30—31 and passim.

② Eric Foner, *Free Soil*, *Free Labor*, *Free Men* (New York: Oxford University Press, 1970), pp. 11, 15—16, 40—72, 296, and passim.

对整个国家用较为平淡的表述说了这些话。南卡罗来纳州的参议员哈蒙德（Hammond）主张，"在所有社会体制中，都必然有一个阶级做卑贱的工作，干生活中的苦差事……这构成了社会的泥质底梁"，而所谓的自由工资赚取者则"本质上是奴隶"，林肯回应说，赚工资的年轻人并不是一辈子都困在自己的位置上。[1] 他们并非"一辈子都被牢牢地固定在"被雇佣的处境之中。在林肯看来——甚至他的所有听众也都这么认为——出卖自己的劳动和出卖自己显然不是一回事。后者[2] 并非一种不可改变的事态。在这种处境里，当然也会有一种难以抑制的希望，即期盼能自己当老板，在一个依然以农业为主的国家成为独立的农场主。由于存在廉价土地，这种憧憬依然显得很可信。对年轻的美国来说，闪耀的理想人物就是"在这个世上审慎且一文不名的新手"，他们"暂时"为工资工作，但由于所受的教育和对自己的严格要求，他们很快就会自己做老板。

82

　　在林肯眼中，自由劳动不仅和对美国的政治体制，对

---

[1]　James M. McPherson, *Battle Cry of Freedom* (New York: Oxford University Press, 1988), pp. 195—198.

[2]　应为"前者"，系作者笔误。——译者注

由教育、工作和技术进步激发的社会进步信念联系在一起，同时它也依旧具备老派的杰克逊式意涵，依然带有对无所事事者和"精神保皇党"的敌意。林肯还在几句闪耀着光芒的句子里清楚说明了他和他的听众对工资劳动可能沦为工资奴役、最终变成白人奴隶制抱有多么强烈的忧虑。但如果说他能强有力地抵御这种恐惧，那也不只是因为这一显而易见的事实，即奴隶无可改变地被束缚在毫无权利的处境之中，自由工资赚取者则否，也是因为他显然相信农场劳工最终能拥有自己的土地。他的这一信念并没有附加任何对自耕农农场主之政治优越性的杰斐逊式夸饰。① 他认为与其他任何人相比，他们既不更坏，也不更好。他只是认为，白人如果足够努力，是可以成为独立的公民-业主的。②

他的听众，亦即那些忧心忡忡的农场主和其他那些赚工资的人，可能不像林肯那么乐观，但无可否认，就像他

① 杰斐逊的祖上属于英国自耕农阶层，他本人从政后也代表自耕农的利益。——译者注

② Abraham Lincoln, "Agriculture: Annual Address before the Wisconsin Agricultural Society, at Milwaukee, Wisconsin. September 30, 1859" and "Annual Message to Congress. December 3, 1861," in *Speeches and Writings*, ed. Roy P. Basler (Cleveland: World, 1946), pp. 493—504 and 616—635.

和他们所抱有的根深蒂固的种族主义一样，林肯的这一信念最终被证明是很有生命力的。如我们所知，人们，特别是北方城市工人并不想打内战，同时，种族主义思潮普遍存在。事实上，即便人们害怕奴隶制、视之为威胁，厌恶奴隶制、视之为民主社会中的反常存在，他们也对沦为奴隶的那些人抱有更深的厌恶和鄙视。自由劳工恐惧奴役，但厌恶奴隶。不过在奴隶中间，常见的工作精神气质（ethos of work）相当流行，他们和林肯抱有同样的社会憧憬。一位替自由民发声的人宣称，"我们理解的自由就是勤劳和由此而来的快乐"。① 事实上，没有哪个美国人群体能比他们更清楚地看到赚钱和公民身份之间的关联。当弗雷德里克·道格拉斯逃离南方，在新贝德福德得到第一份有偿工作时，他欣喜若狂，尽管这份工作非常辛苦。"我现在是自己的主人了——这是个了不起的事实……'我能工作了！我能自食其力了；我不怕工作；不会再有休老爷（Master Hugh）② 来夺走我的收入了'——这一想法让我感受到了独立。"

事实上，道格拉斯就是杰克逊意识形态长盛不衰的活

① Foner, *Reconstruction*, pp. 102—110.
② 休·奥尔德（Hugh Auld）曾是道格拉斯的主人。——译者注

生生的证据。"在这个世上，任何人都有权期待、要求、给予或收获的就是公平的对待。当社会确保其成员能得到公平对待，当共和国中最卑微的公民能够安享自身努力所获得的回报，那么还需要社会和政府做的事情就真的很少了。""等级精神"是黑人的最大敌人。"我们反对一切贵族，无论是财富贵族、权力贵族还是学问贵族……对有色人种来说，法律面前人人平等就是最大的政治智慧"，他在1871年写道。① 如果说"等级区隔"消失是美国政治遗产的精髓，那么种族主义便注定会通过打开贵族统治的大门而毁坏共和国。② 这还没完，正如道格拉斯的接班人杜波伊斯将会质问的："现代工业组织能否解除民主政府和劳工阶级之力量所遭受的束缚——假定它确实在这么做——促使劳工阶级的福祉受到尊重，在一半劳动力无法在公共议事会上发声、无力保护自己的南方，这套体制能否实行？"③ 虽然从一开始，想要获得公民身份就得成为自由赚取者，但现在，想投身工业也得先成为公民。事实上，在奴隶和激进民主

84

① Foner, ed., *Life and Writings of Frederick Douglass*, vol. 4, pp. 271—272.
② Foner, *Reconstruction*, pp. 114—115.
③ W. E. B. Du Bois, *The Souls of Black Folk* (New York: New American Library, 1982), p. 198.

派的愿景中，此二者一直都是同一回事。

中产阶级女权主义者开始因为自己被排除在有偿工作的世界之外而怨愤，我们无须惊讶她们竟然已经对赚钱与公民身份之间的紧密联系有了相当程度的认识。在女权主义者的想象中，奴隶的形象无疑发挥着作用。约翰·斯图亚特·密尔宣称，在读完《汤姆叔叔的小屋》后，他觉得已婚妇女的屈从甚至比美国奴隶的屈从更糟糕。"我绝不会谎称已婚妇女遭受的对待总体来看还比不上奴隶；但没有哪个奴隶比已婚妇女遭受奴役的程度更深、更接近完全意义上的奴隶"，他写道。① 作为一个认真学习美国政治的学者、废奴主义者的友人、女性权利的热情支持者，密尔发现自己就是忍不住想把对女性的压迫类比于奴隶制。这也说明了，对无所事事的主人和被强迫的劳工这对孪生恶魔的反抗——这原先是废奴主义的呼声——如何会回荡在那些 85 中产阶级女性中间；这些女性因为自己并不想要的无所事事状态、因对男性的依赖而痛苦。她们也采纳了关于工作和赚得的独立性（earned independence）的杰克逊派意识形

---

① John Stuart Mill, *On the Subjection of Women* (London: Everyman's Library, 1929), p. 248.

态，同时也得到了这种意识形态的支持。

劳工史学家曾煞费苦心地想要说明，在内战之后遍地工厂、出现失业问题的美国，赚工资的产业工人的实际处境离独立自主的"技工"是多么遥远。他们困惑于这一事实，即哪怕是在工人开始把工作仅仅与他们可能赚到的钱联系在一起的时候，他们也还一如既往地拥护老派的杰克逊意识形态。[①] 长期以来，美国工人都在强烈抗议工业体制对他们的恶劣要求，但他们的抗争绝没有因为认识到这一点而变得令人费解：作为一种政治意识形态，这一工作伦理并没有因为他们产生不满情绪而消失。如果正像我前面论证的，这一关于赚钱的意识形态（the ideology of earning）并非源于雇佣条件，而是从一种政治感知中发展出来的，那么我们就完全不必惊讶它为何会长盛不衰了。对无所事事的垄断者和贵族的怨恨、对陷入黑人奴隶或黑人二等公民的处境的恐惧并没有消失，因为它们植根于长久的政治经验。宪法仍禁止贵族头衔，无所事事且势利的精英依然引人怨愤，因种族主义的刺激而一直非常强烈的

---

① Rodgers, *Work Ethic*, pp. 30—93.

奴役记忆还是会在白人工人中间激起恐惧情绪，依旧萦绕
在黑人心头。这一对赚钱伦理观所作的解释不仅能够说明，
它为何会成为一种占据中心位置的社会价值，还与它的倡
导者已经说过的、还将会说的话相符。

因此，在内战之后的年代，对不事生产的贵族的怨愤
和杰克逊时代一样强烈。在世纪末的美国，每一份廉价报
纸（penny newspaper）都在报道极引人注目的财阀阶层以
及他们的一切闲散享受、极端庸俗的表现以及欧洲上流社
会做派，更不必提马克·吐温的作品了。正是在这一语境
中，当时最尖锐的社会批评家托斯丹·凡勃伦（Thorstein
Veblen）开始揭露他们对美国社会的生产性组织的不良影
响。撇开他的一切破旧立新之处不谈，仅就他对富贵闲人
所作的杰克逊式攻击而言，他完全是一个传统的激进派，
他那个时代的女权主义者也是如此。

夏洛特·帕金斯·吉尔曼（Charlotte Perkins Gilman）①
和凡勃伦完全是同代人，他们教诲的工作福音（gospel of
work）非常相似。两人都抛弃了前几代人那种基于权利的

---

① 1860—1935 年，美国女性作家、女权主义者，因此上一段末尾承上启下
提到了女权主义者。——译者注

民主信条。他们的哲学假设以社会进化观念，尤其是社会是遵循自然发展规律的有机整体这一信念为基础。公共政策的总体目标是遵从这一事先确定的动态发展秩序的要求。由于历史是一个不断趋向改善的前进过程，因此任何群体或制度，如果走回头路，或者妨碍适应变迁中的社会秩序的要求，那显然就对社会有害。在那个时代，在吉尔曼和她的许多同代人眼中，有机必然性（organic necessity）看着像是进步伦理学（progressive ethics）的科学基础，于是自然权利不再有思想上的吸引力。这些信念不仅可以轻易为威权主义政策站台（这一点人们是后来才发现的），也同样可以轻松为自由主义政策背书。

在吉尔曼看来，之所以要赚钱，并不是因为自由劳动本身就光荣。此处涉及的不正义在于，女性的经济地位无论高低，都和她们的工作——完全局限于家务——毫无关系。农场中并未出现这种情景，务农的夫妻是真正的工作伙伴，但中产阶级女性确实处于这种状况，她们本质上是悠闲的奴隶。对她们来说，这种处境是耻辱性的，并且以一种功能失调的方式违背了劳动分工的规律。家务劳动应该由专业人员来做。

再者，在现代世界，由于经济安排复杂精细，我们实际的忠诚对象肯定是工作。工作义务是摆在首位的。如果工作与经济秩序的真实需要相符，那它便是最重要的社会行为。作为效率低下的家务工作者或完全不事生产的消费者的女性，是过时的家庭体制的遗产，是以农业为主的封建时代的遗迹，和致力于高效生产的民主社会完全不合拍。简言之，吉尔曼的主要诉求不是争取女性的个体权利，而是让女性有机会平等参与到经济运行中去，因为现如今，公民身份及其好处和义务仰赖于此。[1]她对阻碍女性完全发挥其经济潜能的处境提出了抗议，就此而言，她也指出了家内奴役和无法实现充分的自我发展使女性付出的个人代价。尽管她持进化论历史主义立场，但在这一方面，她也是在诉诸一种更为传统的个人主义。

凡勃伦显然赞同吉尔曼的追求。在他的名作《有闲阶级论》中，他对强制的悠闲表现出了非同寻常的兴趣和理解，当时已经开始有富裕的女性声称自己反对这种悠闲。

88

---

[1] Charlotte Perkins Gilman, *Women and Economics* (New York: Harper and Row, 1966), pp. 17, 22, 93—94, 117—118, 152, 211, 218, 245—247, 276—279, 333.

但他提出了一个比吉尔曼更为消极的论点，他主要是反对富贵闲人——亦即早先的民主派所痛斥的贵族——的返祖作风，而非支持劳动。相比于为需要工作的人争取工作，凡勃伦更关心的是揭露有闲阶级的原始社会习气。他们的罪过在于，不投身产业工作（industrial occupation），而热衷于"侵占"（exploit），比如体育运动，或者其他无用且具有高度破坏性的活动，例如宗教仪式、统治和战争。[①] 站在其对立面的是"技艺本能"（instinct of workmanship），生产性、合作性社会的一切优点都要归功于它。难点在于，它可能敌不过富人的悠闲价值观以及他们对一切有用工作的厌恶。

与吉尔曼不同，凡勃伦完全不关心工作对待业者有何种个人价值。他也没有痛斥富人是剥削者和压迫者。在抨击不事生产的富人时，他表现出一种非常正统的杰克逊派

89

---

① 凡勃伦认为，工业和侵占的区别是从劳役（drudgery）和侵占的区别演变而来的。大体来说，致力于开发自然以改善人类生活的就是劳役、工业活动，对人的强制利用、掠夺则属于侵占。（参见 Thorstein Veblen, *The Theory of Leisure Class*, Oxford University Press, 2007, pp. 11—14.）战争和统治属于侵占活动很好理解，体育运动和宗教乍看之下和侵占活动无关。凡勃伦对体育和宗教的论述可参见前引凡勃伦书第十章和第十二章。——译者注

立场。① 他没有他们那么乐观，缺乏他们那种对进步的信仰，但他抱有同样的愤慨。不过，这种义愤已经丧失其部分意义了。如果全体人享有的财富创造不会受到影响，那人们为何要像凡勃伦那样，为手艺精神的流逝而哀叹？富人为何要工作呢？这么做能给谁带来好处？事实上，曾经出现过一场很有影响的运动：劝说富人不要那么忙，要全身心投入到慈善、艺术和言谈举止的提升中去。② 但在美国，**贵族责任**（noblesse oblige）从未成为普遍流行的理想，当凡勃伦诉诸杰克逊派修辞时，他有坚实的本土理据作支撑。

至少在凡勃伦看来，这一点似乎是不言而喻的：继承而来的财富和文雅风度不该再那么有魅力了。但它们依然很有魅力，这一定程度上要归咎于学者阶层，他们仿效、宣扬有闲阶级的价值观。他们之所以这么做，并不是因为他们显然得奉承其赞助人，而是因为他们容易对过去产生贵族式的怀旧和浪漫幻想。对手工艺及其慢工细活儿的狂热只是他们总体性文化脱节（general cultural lag）的一种症

---

① David Riesman, *Thorstein Velblen* (New York: Seabury Press, 1960), p. 91. Theodor W. Adorna, "Veblen's Attack on Culture," in *Prisms* (Cambridge, Mass: MIT Press, 1981), pp. 75—94.

② Rodgers, *Work Ethic*, pp. 94—124.

90　候。他们还认为发明创新和效率追求是不成体统的。总之，我们依然能够在美国看到欧洲封建社会的遗迹。

在凡勃伦眼中，美国依然遍地都是汤姆·潘恩笔下的诺曼强盗 ① 的传人。富人的掠夺本能并未退化，因此，这些当代贵族不仅鄙视诚实的劳动者，还极端热衷于竞争。当他们作为"首领"（captains）进入工业界后，他们过时的侵占和竞争手段阻碍了工业发展，在这个时代，真正符合先进工业秩序经济需求的是合作与技艺。"拟古主义"（archaism）和"浪费"是贵族美德的残余物，美国伺候不起这类贵族风尚。②

要理解凡勃伦为何这么愤怒并不总是那么容易的。如果闲散阶级仅仅是早期文明阶段的残余物，那历史注定会把他们扫除，凡勃伦似乎也常常暗示这一点。如果他们延缓进步，那么无可否认，他们是真正的障碍，但这一障碍

---

① "潘恩笔下的诺曼强盗"联系本章提到过的潘恩对征服者威廉的批评，威廉的征服行动就是"诺曼征服"，即以诺曼底公爵威廉为首的法国封建主对英国的征服行动，最终威廉开创诺曼王朝（也称诺曼底王朝）。——译者注

② Thorstein Veblen, *The Theory of Leisure Class*（New York: New American Library, 1953）, pp. 21, 29, 64, 75—76, 87, 116—117, 138, 158, 256.

可以且将会通过社会立法来移除。不过凡勃伦似乎并不认为这一结果很可能会发生，事实上也确实没发生。最后也是最有说服力的解释是，凡勃伦就是在对这一事实作道德抗议：在实行共和制、民风勤勉且工业发达的美国，对生产性工作的贵族式鄙夷竟然还有这么大市场。①

尽管这些原始社会残留物令人愤怒，但提出这种主张也不再可能：总体生产力本身就是一种共同善，因为它将提升每一个人的生活水平。像凡勃伦那样认为工艺精神寻常可见且充满力量，或认为它会带来凡勃伦归功于它的一切有益的公共成果，这在心理上也不再有说服力。单纯的劳动并不是工艺。进步主义改革家依然在宣扬工作的荣光，但他们诉诸更有说服力的理由。他们宣称，为了在世界市场上保持竞争力，美国需要自立自足、受过教育且受人尊重的工人。就像更早之前的洛克那样，他们认为，在学校里教中产阶级学生手工和烹调技艺将有助于在阶级不断分化的美国创造出合适的精神气质。但这不是凡勃伦的理据。

91

---

① 这并不是对凡勃伦作品的完整说明，而是只讨论了他创作于早期且最著名的那本书。终其一生，他的观点依然在转变和发展，但他的名声主要就是由《有闲阶级论》奠定的。

如果说他确实提出了论据，那他的论据就是，无所事事者跟不上历史发展的步伐了。他那本名作最有趣的地方可能就是无所事事在他心里激起的深刻焦虑了。在当代，没有哪个支持工作福利制（workfare）① 的人比他更强烈地表达过这种不安。不过引发这种焦虑和批评的群体已经发生了变化。

大部分劳工史学家已经确认，当工业劳动在美国流行开来之后，我们就工业劳动所作的论述便得到了印证。工人不喜欢他们的工作，他们工作只是为了赚钱。单纯为了消费而从事有收入工作的人们的不满并不什么新现象；它是工业劳动的永恒状况。不过，研究美国文化的人不应惊讶于这一事实：工作伦理依然完好无损地存在于对工作的不满之中。对失业的恐惧强化了这一认识：只有收入能让公民获得地位。对失业的恐惧强化了最初由奴隶制激发出来的恐惧，这种恐惧还有种族主义和对无所事事的怨愤点缀其间。最终出现的意识形态可能并没有融贯的条理，但它显然是可理解的。不去工作便意味着不去赚取，而没有收入的人无足轻重。

---

① 即失业人员必须参与相关工作才能获得政府福利救济的体制。——译者注

因此，历史积淀已经塑造出了一组混杂的信念。赚钱是一种义务，人可以通过自己的努力获得成功，寻求机会的人能够获得机会，此类信念与这种认识相依相偎：一般来说，失业不是工作者的过错，而是整个经济系统的问题。工作确实不怎么让人满意，但没人喜欢失业，甚至连依赖福利生活的穷人也喜欢工作胜过无所事事。即便存在富贵闲人，他们也肯定不会炫耀自己那挥霍成性的生活，而当他们确实炫耀这种生活时，其他有钱人也不会抱以赞誉。体育运动也许确实像凡勃伦所认为的，是一种返祖表现，但并非只有特定阶级才能感受到它所带来的愉悦。

　　无论是工作的荣光还是参加工作的公共义务，几乎都得到了普遍的宣扬。百分之七十五的美国公众认为，不想工作是不对的。好公民是赚取者，因为独立性永远是民主国家中作为真正的公民必须具备的品质。但几乎无人谴责 93 穷人和救济贫困与失业的制度。这些就像天气一样，只是现实的生活状况。这一社会价值观大杂烩以及工业社会的实际状况是否仅仅揭示出，美国人的赚钱观念杂乱无章？①

---

① Herbert McClosky and John Zaller, *The American Ethos* (Cambridge, Mass.: Harvard University Press, 1984), passim.

也许确实如此，但更具启发性的做法可能是追问下，这些显然不融贯的观点是否没有表达出真实的社会经验。确实，不喜欢工作的人可能会发现，失业是一种更糟糕的处境，而这不只是因为收入减少了。失业者可能会感觉到，自己并没有犯下什么特别的过错，但却名誉扫地了，他们不再是完全意义上的公民。你可以认为老板就是个奴隶主般的监工，但当你失业时，你可能会觉得自己更像真正的奴隶了。这类经验并不是什么错觉。你被市民社会驱逐，变成了二等公民，这一处境更让白人工作者觉得屈辱，因为二等公民身份常常与黑人的命运联系在一起。对黑人来说，这是一种双重的不正义重负。

对失业者来说，这两类观点都很有道理，他们处于失业状态，正在找寻工作。失业本身就是一个非常复杂的概念，既意味自由，也隐含着依赖性。奴隶无法失业或者说被开除，虽然奴隶主可能会在用他时不那么压榨效率。自由工作者出卖劳动但不出卖自己，但他们却要依赖别人提供工作机会。① 不过，民主国家的公民应完全掌控自身。这

94

---

① Garraty, *Unemployment in History*, pp. 5—6.

就是为什么在上个世纪，从一开始就人们以猜疑和恐惧的眼光，将工资赚取体制连同其所带有的对雇主的依赖性视作对共和国公民身份的威胁。赚工资的人不仅不得不依靠他人以获得有偿工作，他还随时会被开除，然后面对丧失地位的处境，陷入失业就会导致这种处境。这样丧失社会地位本就给人以丧失能力的感受，当失业者必须寻求他人帮助时，这种感受便不可避免地增强了。甚至在寻找新工作时也会有这类经验。因此，在对大萧条期间失业人员所作的杰出研究中，我们可以看到，他们强烈感受到了独立性的丧失。也许会有人争辩说，没有工作跟陷入奴役几乎不存在相似之处，奴隶制的受害者不是没活干，而是没完没了在干活。关键不在劳动本身，而在赚钱以及由此而来的独立性。奴隶之所以被辱格，不是因为他们不得不工作——每个人都得工作——而是因为他们只是有口饭吃，但无法获得报酬。

在大萧条期间，几乎没有哪个失业工人声称他们喜欢过自己的工作。他们怀念的是薪水以及工友间的交情，而非老板和工头。不过他们知道，拥有体面的工作、成为生产者、供养好家人是社会地位的唯一基础，他们当然也明白丧失这一基础意味着什么。他们讨厌失业。"没有工作，95

生活将是何种模样？你会变得无足轻重。"在大萧条开始那会儿，这种感觉格外使人羞赧，因为直到 1933 年左右，公众才最终意识到失业是一场国家性灾难，而非个体工人的过错。即便如此，在许多情况下，失业工人还是丧失了家人和周围人的尊重。接受救济——无论是私人救济还是公共救济——是令人痛苦的，许多人提醒人们，他们是退伍老兵，或者曾在比较景气的时代交过税、做过慈善，试图以此使救济显得合情合理。大部分人更愿意投奔公共事业振兴署（WPA），选择以工代赈，而非接受人们眼中的施舍。①

这类态度远没有消亡，在这些经历过经济困境的蓝领工人的成功后代身上还表现得格外鲜明。② 支撑着美国工作伦理和赚取性公民理想的，很可能就是对失业的纯粹恐惧，而非对工作本身的任何看法。这一工作伦理之所以能够在一个人人都是螺丝钉的经济体制中经久不衰，自然不是因

---

① E. W. Bakke, *The Unemployed Worker* (New Haven, Conn.: Yale University Press, 1940), pp. 39, 84, 87—89, 316—328. Mirra Komarovsky, *The Unemployed Worker and His Family* (New York: Dryden Press, 1940), passim. Schlozman and Verba, *Insult to Injury*, pp. 4—84.

② 这些蓝领家庭的儿子有的成了工程师或科学家，当他们在 1970 年代失去自己在波士顿高科技产业的工作后，他们常常羞于告知自己的朋友和邻居。Paula Goldman Leventman, *Professionals out of Work* (New York: Free Press, 1981), passim.

为凡勃伦所说的技艺本能，也不是因为工作本身显然很让人满意。在当代美国，杰克逊意识形态并非附着于那些辛勤工作后除了获得辛苦钱外还想得到尊重的工作者的权利之上，而是附着在失业者之上。他们想要去工作，有了工作不仅能获得薪水，还可以重获公民身份。谁会希望自己无足轻重呢？

尽管失业者不再像大萧条期间那样，会因失业而羞愧了，但在他们眼中，独立性并未丧失其价值。相比于私人救济或家人的帮助，他们更愿意去政府领失业救济金，而这正是因为它不带有个人色彩，且是一项权利，还不附带任何条件。不过，还是有许多事情没变。失业的美国人并未丧失他们对美国梦的信仰，他们不会因为个人的经济困境而诉诸政治行动。他们害怕的是对福利的依赖，这已经成为杰克逊式恐惧的新焦点。[①] 不过，意识形态冲突的核心已经从工作者与贵族的争斗转变为了在意识形态上陷入分化的主要政党之间的争吵。一方控诉其对手成了家长主义精英，认为他们想要通过麻痹穷人来消灭贫困。另一群体

96

---

① Schlozman and Verba, *Insult to Injury.*

则指控对方是残酷的民粹主义成功者，认为他们不公平地指责受害者，无视现实处境和真实需求，就想让每个人都为了微薄的收入而干活，希望人们没有好下场。真正让人惊奇的是这些政府福利的支持者和批判者之间的共识程度。双方都希望人们拥有独立性，能赚工资而非领福利。他们都希望通过让社会底层有一份工作，像别人那样成为自己赚钱的社会成员，从而使其变成好公民。①

双方依然没有逃脱杰克逊式观念之网，他们对这些观念的认同程度要比自己愿意承认的更深。为无助的穷人辩护的一方想要保护他们免受掠夺成性的贵族的伤害，这些贵族拒绝承认他们的权利和生活所需。穷人是社会中的受害者，种族平等，获得体面工作、接受教育的机会，以及得到常规公共物品的可能性都被否决了。如果多为他们做点事情，他们同样会成为正直的劳动者。像弗雷德里克·道格拉斯那样支持个人奋斗的反方政党希望，政府除

---

① 可参见下面这些有代表性且非常严肃的支持福利制度的作品：Sheldon Danziger, "Fighting Poverty and Reducing Welfare Dependency," in *Welfare Policy for the 1990s*, ed. David T. Ellwood (Cambridge, Mass.: Harvard University Press, 1989), pp. 41—69, and David T. Ellwood, *Poor Support* (New York: Basic Books, 1988), pp. 3—44。

了确保每个人都能得到公平对待之外什么都别干。他们主张，任何真的想要工作的人都能找到工作，而有了工作就会有地位和自尊。双方都对自律、独立性、作为一切价值与尊严的首要来源的工作，以及由独立自主的民主公民构成的理想社会抱有深刻的信念。每一方都认为，对方会威胁民主政制，以及他们深刻共享的由对工作和独立性的信念构成的价值观。

这些从杰克逊时代流传下来的观念，在各个显而易见的方面影响了人们的福利观念。接受福利的人——他们被告知，无论能找到什么样的工作，都必须干活——看到了奴隶制和契约苦役（indentured servitude）的幽灵从不远的过去归来，又来纠缠他们了。而延续至今的种族主义又使这种恐惧显得有根有据。在那些希望工作福利制成为强制性制度的人看来，无所事事的穷人不再是公民。他们已经无法要求得到作为公民的平等地位了，他们表现得越来越像失业的奴隶，不事生产、靠别人养的消费者。双方都未宣称，（工作福利制下）要做的工作很可能对社会有用，或者能使个人感到满足或带来优厚回报。工作福利制与经济考量无 98关。它关乎公民身份，关乎这样一个问题：没有积极赚取任何报酬的身体健全的成年人，能否被视作完全意义上的公民。如果他们不是完全意义上的公民，是否不能像现在常常发生的那样，以一种在面对依附性阶级时总是会出现的，混杂家长主义和鄙夷的态度去对待他们？他们不是市民社会的公民，他们不会被承认为公民。① 与失业者不同，他们并不尝试恢复自己的地位，因为从一开始，他们就没什么可失去的了。② 人们期待，工作福利制可以让他们维持还说得过去的公民行为水准。

　　赚钱和投票在许多方面都很像。几乎有一半适龄选民不去投票，虽然如果被剥夺选举权的话，他们肯定会很怨愤。有些人对自己的工作抱有使命感，或至少是有工艺天赋；除了这些幸运的少数人外，大部分美国人之所以劳动，只是为了能有工资花。把工作说成是一种无差别的同质性活动显然很可笑。③ 不过当人们不再赚钱时，无论他们的

① 对这些观点的最佳说明参见 Lawrence M. Mead, *Beyond Entitlement* (New York: Free Press, 1986), pp. 12—13, 41—45, 211—212, 238。

② 事实上，在工作场所积累的负面经验可以说明他们为何这么消极，至少这本书给出了这一结论: Leonard Goodman, *Do the Poor Want to Work?* (Washington, D.C.: The Brookings Institution, 1972), pp. 112—118。

③ Gregory E. Pence, "Towards a Theory of Work," *Philosophical Forum*, 10 (1978—79), 306—311.

工作有何种特质，他们都丧失了自己在社群中的地位。这不理性也不公平，但它是由历久弥新且根深蒂固的社会信念构成的基本生活事实。这并非可以想象的最理想的公共价值观，我也不想暗示，"人们共享这种价值观"这一事实在某种意义上使其变得相对可取，或赋予其某种道德价值了。① 最重要的是，我不想传达这种观点：我们不应批判这些心灵习性，而这仅仅是因为它们如此古老、如此根深 蒂固。再没有什么比这种诽谤更荒谬的了：在某种意义上，当批判人们共享且非常古老的意识形态的人对自己的同胞提出质疑时，他们是在鄙视自己的同胞，表现得相当傲慢。揭露传统意识形态并未实现其许诺自然不是仅有的一种重要的社会批判形式，它常常也不是最合适的形式。我之所以在本书中诉诸这种批判形式，只是因为我认为使人注意到杰克逊式信仰有多么古老，它一直到现在都有多么流行以及与我们的生活多么相关，这是很重要的，不仅如此，

---

① 我之所以强调这一点，是因为我不希望这一论点被等同于迈克尔·沃尔泽对共享价值观的认可，他认为这可以为各种社会实践提供伦理层面的总体性理据。这两篇文章中的任何内容都不能被认为是在支持沃尔泽的《正义诸领域》(Spheres of Justice, [New York: Basic Books, 1983]) 中的主要观念。

同样重要的是注意到这一事实：杰克逊式信仰塑造出了一种推定有效的工作权，将之视作美国公民身份的构成要素，我们应该承认这种权利。

当然，我提到工作权并不意味着我赞同取缔封闭工厂（closed shops）① 的反工会立法，我所说的工作权是为所有需要和要求工作的人提供工作机会以赚取生活所需之工资的总体性承诺。这也许不是一种宪法权利或法院应强制保障的权利，但它应该成为指引我们政策的假定。不能把工作权当成多种利益中平平无奇的一种利益，在任何有关政治优先事项的争议中，它应享有优先性。② 在一个由要求获得利益和权利的个人构成的政治体中，只有那些能自己做主，被承认为市民社会、政治社会适格成员的人，才能算是完全意义上的公民。如果他们缺乏公民身份的识别标志，

---

① 此处所说的 shop 指的是工厂、车间，所谓封闭工厂是指雇主只能从工会成员中雇人的工厂，因此侧重的是工厂与工会的关系。此处的翻译参考了专攻美国史的焦姣博士就此概念所作的简要说明，在此表示感谢。——译者注

② 很大程度上我是在有意凸显工作权和马歇尔所讨论的"福利权"之间的相似性。它们都没有法律约束力，但它们暗含在公民地位之中：要保持公民地位就得维持一定的生计水平，而这推导出了工作权和福利权。See T. H. Marshall, *The Right to Welfare and Other Essays* (New York: Free Press, 1981), pp. 11, 83—103.

则必然会被归入无相关权利者这一类别。考虑到这些因素，我们就有充分理由提出这一主张了：在美国，存在有偿工作权。

反对工作权的理据并非不值一提。据说，不存在这样一种自明的道德权利，它也不是一种可强制保障的法律权利。再者，自尊是一种太过模糊、太过主观的心理状态，难以成为任何公共政策的根据。① 我们不能老是考虑权利，而应根据致力于减少失业、提升穷人生活水平的一般性政策来思考这一问题。不过，人们可以既认可这里提到的大部分要点，同时依然认为在美国有工作权这样一种权利。这将是一种从本土公民身份的要求中派生出来的权利，而非基本人权。在英美法系的法律实践中，陪审团审判就是从公平审判这一基本权利中衍生出来的，类似地，赚钱（的权利）就隐含在美国公民身份之中。② 因此必须将它完全区别于救济，无论救济有多么重要。救济如今被名实不

① Jon Elster, "Is There (or Should There Be) a Right to Work ?" in *Democracy and the Welfare State*, ed. Amy Gutmann (Princeton, N.J.: Princeton University Press, 1988), pp. 53—78.

② James W. Nickel, "Is There a Human Right to Employment ?" *Philosophical Forum*, 10 (1978—79), 149—170.

副地称为福利，它以需求为基础。理想情况下，救济应被承认为一项基本公共服务，在任何时候，只要满足条件，无论是赚钱的人还是无钱可赚者，都应得到这项服务。应该从相同的角度将其看作公共道路、公共设施那样的东西，但我们大概不会这么做。

赚钱的权利不应以诸如失业者丧失自尊之类的个人反应为基础，它的基础在于，失业者会失去人们的尊重、地位降格、沦为二等公民，而当出现这些状况时，由于本国的公共精神气质，人们会一如既往地公开谴责失业者。赚钱的权利不是一种获得自尊的权利，而是一种当公民地位岌岌可危时不被剥夺这一地位的权利。为失业者创造出就近可得的有报酬的工作，为他们提供依法设定的最低工资和发展机会，这些必须被视为最低限度的政治义务。① 与任何权利一样，赚钱的权利也可以被剥夺，但这并不会使它变得毫无价值。即便不大可能充分落实这一权利，对这种权利主张有所意识也会产生政治影响。

我对地位意义上的美国民主公民身份的简要勾勒就以

① See William Julius Wilson, *The Truly Disadvantaged* (Chicago: University of Chicago Press, 1987), pp. 159—163.

这些反思作结。我无意对这种意义上的公民身份是什么或可能是什么作出充分说明，而只想阐述它的两个最基本、最本质性的构成部分：投票和赚钱，因为它们是在一个致力于践行政治平等和接纳原则的社会之中，在世袭不平等特别是黑人奴隶制的余孽的重压之下浮现出来的。

索引（以本书页边码为准）

图书在版编目(CIP)数据

美国公民身份：寻求接纳/(美)朱迪丝·N.施克
莱(Judith N.Shklar)著；钱一栋译. —上海：上海
人民出版社，2023
(思想剧场)
书名原文：American Citizenship：The Quest for
Inclusion
ISBN 978 - 7 - 208 - 17375 - 0

Ⅰ. ①美… Ⅱ. ①朱… ②钱… Ⅲ. ①公民-研究-
美国 Ⅳ. ①D971.21

中国版本图书馆 CIP 数据核字(2022)第 186655 号

责任编辑　陈佳妮
封扉设计　人马艺术设计·储平

思想剧场

美国公民身份
——寻求接纳

[美]朱迪丝·N.施克莱　著
钱一栋　译

出　　版　上海人民出版社
　　　　　(201101　上海市闵行区号景路 159 弄 C 座)
发　　行　上海人民出版社发行中心
印　　刷　苏州工业园区美柯乐制版印务有限责任公司
开　　本　850×1168　1/32
印　　张　5
插　　页　6
字　　数　72,000
版　　次　2023 年 2 月第 1 版
印　　次　2023 年 2 月第 1 次印刷
ISBN 978 - 7 - 208 - 17375 - 0/D·3849
定　　价　36.00 元